只给女孩看的青春秘密书

马利琴　编著

中国妇女出版社

图书在版编目（CIP）数据

只给女孩看的青春秘密书 / 马利琴编著. --2版. --北京：中国妇女出版社，2018.7（2019.11重印）
ISBN 978-7-5127-1612-4

Ⅰ. ①只… Ⅱ. ①马… Ⅲ. ①女性—青春期—健康教育 Ⅳ. ①G479

中国版本图书馆CIP数据核字（2018）第121962号

只给女孩看的青春秘密书

作　　者：马利琴 编著
责任编辑：陈经慧
封面设计：尚世视觉
责任印制：王卫东
出版发行：中国妇女出版社
地　　址：北京市东城区史家胡同甲24号　　邮政编码：100010
电　　话：（010）65133160（发行部）　　65133161（邮购）
网　　址：www. womenbooks. cn
法律顾问：北京市道可特律师事务所
经　　销：各地新华书店
印　　刷：北京通州皇家印刷厂
开　　本：170×240　1/16
印　　张：14.5
字　　数：250千字
版　　次：2018年7月第2版
印　　次：2019年11月第3次
书　　号：ISBN 978-7-5127-1612-4
定　　价：39.80元

前言

女孩，不要让自己成为断翅的小鸟

春节过后，我到一位老同学家里做客。由于她结婚比较早，所以女儿已经13岁了，而我的女儿才4岁。

在同学家里，我看到书架上摆放着几本关于青春期的书，我问她："这是给谁看的？孩子都这么大了，你还看青春期的书？"同学看了看我，说："我女儿小惠！"真是一语点醒梦中人，我才记起，同学的女儿已经上初中了。

同学接着说："现在的孩子啊，都早熟。与其让他们偷偷摸摸地去网上找资料，倒不如买些相关的书和她一起看。你还别说，上面的很多知识，对于我来说也很新鲜。咱们小时候，谁读过这样的书呀！"

是啊！作为一个从事家庭教育图书的编写者，我也深有体会。我同意同学的做法，说："你的这种做法真不错，与其被女儿问得一问三不知，倒不如和她一起学习。"

这时候，小惠听到我们的谈话，走了进来。她对我说："阿姨！我妈的思想很开通，不像有些同学的妈妈。"我知道，小惠想说什么，便说："是啊！关于青春期的问题，在我们那时候是很少有人提及的。当时，几乎没有听说过'青春期'这个词儿，哪像你们现在这样开放，什么都懂。"

小惠被我的话逗乐了，说："阿姨，你不是经常编写一些家庭教育的书吗？为什么就不能编写一本关于青春期的图书，介绍一些相关的知识呢？"我说："你手里这样的书不是有很多吗？"

小惠说："这些书，我都看过，里面的知识大同小异，可是很少有介绍方法的。比如，怎么保护嗓子，怎么处理月经……"

听到小惠能够这样跟我直言不讳地谈论"月经"，我突然意识到，现在的女孩已经和我们那个时代的女孩有了很多的不同。对青春期的知识，她们不觉得多么神秘，正在像接受科普知识一样接受这些知识。

一直以来，我都觉得，青春期是神秘的，是让女孩脸红心跳的，直到遇到小惠，我终于明白了：今天的女孩能够接受更多的知识，需要更多的关于青春期的知识。

回到家之后，我对青春期的问题做了个网络调查，果不其然，和小惠一样有着青春期困惑的女孩有很多；和小惠一样，能够接受青春期知识的女孩有很多。同时，还有很多女孩苦于找不到一本系统介绍方法的书，只能到网络上去寻找答案。

青春期是人体生长发育的第二个高峰，女孩在生理上会出现一些变化，比如，身高、体重迅速增长，各脏器功能日趋成熟，各项指标达到或接近成人标准。在这期间，女孩会有很多的困惑：满脸的粉刺如何解决掉？皮肤为什么会变得红润？腋下的小黑毛可以剔除吗？身上怎么会有一种体味？内裤上为什么会出现白色的东西？……

面对这些形形色色的问题，有些女孩会觉得苦恼不已，不知道应该问谁，应该去跟谁讲。为了回答青春期女孩的问题，我决定编写这本书。

这本书，主要围绕身体、私处、性、保健、心理、情绪等与青春期相关的十大问题展开。不仅对相关的问题作了简要的分析，还给女孩介绍了很多切实可行的方法。比如：第一次来月经，该如何应对；如何选用卫生巾；收到情书，怎么办；有了性冲动，如何做；经常失眠，如何克服……凡此种种，在这本书里，都做了详细的介绍。

这本书案例典型，语言平实，方法具体可行。相信读了这本书，青春期的女孩一定会对自己多一些了解。青春期，是女孩展翅翱翔的阶段，需要正确知识的引导。

目 录

CONTENTS

第一章
身体——我的身体怎么变化这么大

第二章
私处——让人不好意思说出口的地方

第三章
性——究竟是怎么一回事

第四章
保健——要早一天做起

第五章
异性——怎么会喜欢上他

第六章
心理——我的心事好多啊

第七章
情绪——不可理喻的我

第八章
叛逆——对着干，真有趣

第一章

身体

我的身体怎么变化这么大

到了青春期，女孩的身体会发生很多变化，比如，出现粉刺、皮肤变得细嫩、声音变得又尖又细、长出腋毛、个子长高、身体变胖等。为什么会出现这些变化呢？如何来应对呢？

- 洗脸要用正确的方法，不要挤压粉刺。
- 尽量不用含有化学成分的化妆品，多吃一些水果。
- 合理地使用你的嗓子，保护嗓子不受伤害。
- 积极纠正不良姿态，进行腹肌强化训练。
- 合理搭配饮食，不要过分节食。
- 保持身体健康，注意个人卫生。

粉刺，挤、挤、挤

满脸的粉刺如何解决掉

青春来了，满脸的粉刺挤不掉，真烦人！本来长得挺漂亮的脸蛋，有了这些讨厌的粉刺，真想一下把它们挤掉，可是又不能挤！怎么办？粉刺就像清理不完一样，清除了这里，那里又起来了。如何才能摆脱掉粉刺的纠缠呢？

女孩的心思

① 气人的小痘痘也来烦我

可林：这段时间，本来学习挺紧张的，可是，气人的小痘痘也来烦我！每天早上一照镜子，就能看到它们笑呵呵地趴在我的脸上。我多想一下挤掉它们啊，可是，听说挤痘容易留疤，真是气死我了。我该怎么办啊？

② 这些痘痘，让我很没面子

韩亚：这几天，我脸上的痘痘越来越多了。本来长得挺漂亮的脸蛋，俨然没有了往日的风采。同学们看到我这样，都称呼我“痘痘小姐”，真是丢人啊！我都不想上学去了，可是又不能不上，怎么办？只能硬着头皮去学校，然后尽量躲避同学的目光。

③ 小痘痘，除除除

昭熙：最近几天，脸上的小痘痘越来越多。暑假里，我买了很多的除痘霜，早上抹，中午涂……可是，依然不管用。最后，我索性将手都用上了，挤、挤、挤！呵！终于挤掉几个！看着这些小痘痘一个个地被挤掉，心中真是痛快啊！

科学解析

青春期女孩的脸上经常会长出一些小痘痘，俗称粉刺，又叫青春痘。粉刺除了经常会出现在女孩的面部，还常出现在颈部、胸背部、肩膀和上臂。其实，长粉刺是青春期的一种普遍生理现象，并不会对健康造成影响。可是，由于影响面容的美观，往往使处于青春期的女生感到十分苦恼。

女孩在青春期之所以会出现粉刺，主要在于这一时期，女孩体内的激素发生了变化，皮脂分泌增多，过多皮脂进入毛囊皮脂腺导管，并角化变硬，于是就有了青春痘，也就是这里说的粉刺。在青春期，几乎每个人都会在脸上或其他部位出现粉刺，只是有些人数量少、时间短，有些人数量多、时间长一些罢了。一般来说，粉刺不会长得又红又肿，即使发炎也仅是些小炎症。可是，在炎热的夏季，随着气温的升高，油脂分泌的增多，及室内外温差的刺激，都有可能会让粉刺在夏天里疯长，所以在夏季要特别注意皮肤护理工作。

专家支招

女孩在青春期，脸上长了小痘痘，一般是不需要治疗的，大约在25岁之前这种症状就会慢慢地减轻或自然痊愈，不必放在心上。但是，要注意皮肤护理，以免留下疤痕。那么，青春期女孩该如何来对抗粉刺呢？

① 运用正确的洗脸方法

为了有效减少粉刺的出现，女孩在洗脸时要简单地洗，即用温水冲过皮肤湿润后，将洗面乳或肥皂放在手掌上揉搓形成泡沫，然后再往容易形成粉刺的地方轻轻抹一抹，最后赶快用温水冲洗掉。不要过度按摩脸皮，不能用热水洗脸。如果已经出现轻微脱皮，可以减少洗脸的次数，但水温不能太高。

② 不要挤压粉刺

有些女生为了消灭粉刺，会用手将粉刺里的脓汁或白色油脂颗粒挤出来，感觉这样粉刺就被消灭干净了。殊不知，这样做非常容易造成一连串的伤害，比如，出现凹洞、黑斑、红肿等问题。其实，发现粉刺之后，只要耐心等待两三周，等到颗粒球干燥、密实之后，粉刺会自然掉出。

③ 适当地使用一些护肤品

一般来说，眼眶的周边是干燥的，所以洗脸时这个地方可以不用洗面奶，只要用冷水冲洗一下就可以了。洗过脸之后，可以在眼皮附近抹些保养性乳液。但是，那些容易长粉刺的地方，最好不要使用化妆水，要尽量保持干爽。青春期女孩脸部的保养，并非每一处都相同，而是要看各部位的需要。

④ 不要到太阳下暴晒

粉刺长得严重时，即使好了也会留下色素斑。晒到太阳后，紫外线会加深色素斑的痕迹，使得整张脸看起来各处色泽不一致。而且随着年龄的增加，女孩长黑斑的概率也会大大提高，所以必须注意防晒，最好使用伞、帽子和各种遮掩物，为了减少粉刺的产生，还要减少防晒乳液、隔离霜的使用。

⑤ 保证睡眠的充足

研究发现，睡眠不足会导致油脂分泌更旺盛，粉刺也会长得更多，脸色更会显得灰沉沉的。所以，青春期女孩不管学习多么紧张都不要熬夜，要绝对保证自己的睡眠。

⑥ 饮食要均衡

如果想让自己的脸部皮肤光亮、洁净、健康，就要保持营养的均衡。另外，应避免食用油腻、辛辣、刺激的食物。

小贴士

青春期之所以会起粉刺，只是因为没有洗干净脸吗

造成青春期出现粉刺的原因有很多，比如，随着雌性激素分泌水平的增高，皮脂分泌会变得异常活跃、增多。由于荷尔蒙的影响，女孩在月经前期或月经期间，脸上会冒出一些小痘痘，月经过后就消失了。再如，皮肤没有被彻底清洗干净，在毛囊闭塞的情况下，痤疮丙酸杆菌大量繁殖，从而出现炎症，形成小痘痘……总之，引起小痘痘的原因有很多，上面这个观点是错误的！

女孩的声音为什么会变得又尖又细

怎样保护自己的嗓子

怎么回事？最近一段时间，我的嗓音怎么变得这样细？很多女同学都是这样，俨然已经没有了儿时的童音。老师说，这是因为我们长大了的缘故。难道，女孩长大了，声音都会变得如此尖细吗？这时候，该如何保护嗓子呢？

女孩的心思

① 不要像鸡一样地叫，好不好

雅静：今天早上一到教室，×××就跑过来借作业，说是要抄一抄。我不太乐意，这可是我一晚上的劳动成果，便大声对他说："不借！你怎么不自己做？"哪知道，他却恶狠狠地对我说："不借就不借，说话的声音像鸡一样，你以为谁想听！"同学们听到他的这句话，发出一阵哄笑，搞得我都不敢说话了，要不他们又要说我"说话像鸡叫了"。

② 奇怪，我们的嗓音为什么变了

梦洁：这几天，我感到好奇怪啊！因为我的嗓音发生了变化，变得又尖又细。我尝试着说了一些话，发现都是这样，是不是到了青春期的缘故？我甚至还用录音机将自己的声音录了下来，仔细听一听，就是比以前细多了。

③ 嗓音变了，该如何保护

梦璐：班里很多女生的嗓音都发生了变化，我也是这样。每天课余时间大家都会聚在一起谈论这个问题。当然，也会说一些保护嗓子的办法，可是，这些方法都是听说来的，管不管用呢？青春期，真的要保护嗓子吗？该如何保护呢？

科学解析

儿童时期，男孩和女孩的声音没有太大区别，可是随着年龄的渐渐增长，女孩的声音会变得又尖又细。为什么会发生这样的变化呢？这是因为，我们是靠嗓子里的两条声带发音的。

儿童时期，男女生的声带长得比较相似，所以发出的声音基本相似，这时的声音可以统称为童音或童声。到了青春期的变声期，声带就会发生变化，女生的声带会变得相对细小。声带发生变化了，声音自然会随之发生变化。而且，随着这些变化的出现，还会出现一些其他生理上的变化，比如，嗓子易充血，出现一定程度的水肿等。这时候，如果不好好保护嗓子，等过了变声期，嗓音就会有所变化，有的人的嗓音会因此变得沙哑难听。

变声期的平均持续时间为1年，最短为3～6个月，最长可持续2～3年。此外，变声期的长短还与地域有关，比如，南方女孩变声期短一些，北方女孩变声期则长一点儿。

专家支招

变声期，到底该怎样保护嗓子呢？

① 合理地使用你的嗓子

一旦到了变声期，女孩的嗓子绝大多数都会处于充血状态，如果讲话过多或唱歌时间过久、过于用力都会引起嗓子的疲劳。因此，不管是唱歌还是说话，都不要过于用力，更不应大喊大叫。如果练习唱歌，每天也不要超过1小时，且不能连续使用嗓子，唱十几分钟以后就要让嗓子休息一下。

② 不要吃有刺激性的食物

一些刺激性的食物，比如，辣椒、蒜、葱、醋等，会刺激嗓子，使声带充血、红肿。另外，过冷或过热的食物也会对声带造成创伤。所以，如果你很爱吃冷饮或喝热汤，在变声期就要多加注意。

③ 有效预防呼吸系统疾病

变声期，要多加预防感冒。感冒后，直接受到影响的就是嗓子，尤其是剧烈的咳嗽，会加重声带的负担，使其更加水肿、充血。

④ **保护嗓子温润**

冬天，北方的家庭都有暖气供暖，如果屋子长期不开窗户，暖气又比较热，很容易使居室空气过于干燥。在干热的环境中生活，女孩的嗓子和鼻子就会干燥得受不了，从而增加病变的可能性。

⑤ **保护嗓子不受伤害**

要想有一副好嗓子，就要时时注意保护，以免受到不必要的伤害。如果你觉得嗓子不舒服，要尽快去看医生，或者含一点儿润喉片。

小贴士

变声期声音嘶哑，怎么办

一般来说，女孩变声期可以分为以下三个阶段：初期，嗓音变化不大，说话、唱歌仍用童声，但有时会觉得对嗓音失去控制能力，发声不听使唤。中期，嗓音的变化比较明显，说话声调变低变粗，童声成分越来越少，成人声的成分逐渐增加。后期，嗓音已完全变成成人的声音了，但仍有一段时间声音不稳定，控制不自如。在变声期间，可能会出现声音嘶哑、咽干、咽痒、咽部有异物感等症状，这些都是正常的生理现象，不需要担心。

我用爸爸的剃须刀剃汗毛

腿部汗毛真的能够剃掉吗

女孩的腿部如果长了很重的汗毛，是一件令人尴尬的事情，尤其是到了夏天，连裙子都不敢穿。有人说，用剃须刀就能将其剃掉。可是，汗毛就像是割不完的青草，只要遇到“春风”就会“吹又生”。即使用了脱毛膏，过些日子依然会长出来。讨厌的汗毛，怎么才能消灭掉呢？

女孩的心思

① 能不能只要青春不要汗毛

曼妮：讨厌！喜欢的裙子不能穿了，只要一穿，腿上的汗毛就会露出来。为了解决这个问题，我决定上学的时候，不管天气多热都不穿裙子。想穿裙子就在家里穿，或者在假期里穿。可是，如果暑假里在街上碰到自己的同学怎么办？尤其是男同学……

② 讨厌的汗毛，让我很没面子

语嫣：这天，在游泳课上，我胳膊上的汗毛被同学发现了！“哟！语嫣，你胳膊上的汗毛怎么这么长？”当时，我那个气哟，真想找个地缝钻进去。游泳课结束后，几个女同学聚在一起嘀咕着什么。一定是在说我！真是没脸了！我相信，全班同学很快就会知道了。

③ 找把剃须刀，剃剃剃

桑榆：为了将汗毛去除，我想了很多的办法，最后决定用爸爸的剃须刀“解决掉”它们。这天，我悄悄地取出了爸爸的剃须刀。我先往汗毛的部位抹了点儿香皂，然后，一点点刮起来。果然，汗毛被除去了。我那个高兴啊！可是，一个星期之后，我却发现这些汗毛又长了出来，而且似乎比原来的还要浓密。悲催！可恶的汗毛！

科学解析

在青春期，女孩的体毛会增多，会相继长出阴毛和腋毛，这些都是肾上腺皮质和卵巢分泌的雄性激素所导致的。只不过，女孩体内的雄性激素大大低于男孩而已。

医学研究表明，女孩身体上出现浓密的体毛主要是和体内激素分泌有关系，如果女孩的雌性激素分泌较少，雄性激素就会分泌过多，雄性激素分泌过多就会导致体毛的发育。

汗毛，指的是除了头发、胡子之外的人体其余部分的柔软的毛发。其作用主要有两方面，一方面是在人体寒冷的时候，保留住体内的余温；另一方面，在人体燥热的时候，排出汗液，帮助降温。

专家支招

其实，绝大多数多体毛的女孩并非病态，对身体健康、婚后生育也不会造成直接的影响。如果想使局部毛发暂时脱落或减少，可以在医生的指导下使用脱毛剂，如脱毛霜等。但是，这种方法只能暂时去掉毛发，不能根治。有些女孩担心使用脱毛剂会使毛发越来越粗。其实不会！毛发的粗细多寡，主要是由雄性激素的多少决定的。

小贴士

病态性多毛症

病态性多毛症是指患者不仅在面部、胸部、下腹部及大腿都有浓重的毛发，还有额角发际后缩、秃顶、喉结突出、声音低粗、肌肉发达，以及月经不调、闭经、肥大等男性化征象。比较常见于多囊性卵巢综合征和肾上腺病变。如果怀疑自己属于病态性多毛，应该到医院接受检查，一旦确诊，应在医生的指导下进行治疗。据统计，病态性多毛症仅占多毛症总数的5%。所以，绝大多数多毛的女孩不必过于忧虑和紧张。

腋窝下出现小黑毛

腋 毛 出 现 有 原 因

升入中学后，腋窝下怎么会多出这么多的小黑毛。为了不让同学发现，都不敢穿短袖的衣服了。可是，冬天还好，夏天怎么办呢？这些小黑毛肯定会露出来。如果被男同学看到了，一定会很难为情，还会被笑话。哎！这些小黑毛是如何出现的？有没有办法去除呢？

女孩的心思

① 有了小黑毛，怎么穿无袖T恤

丹丹：哎！怎么腋窝下会长出小黑毛？天气这么热，无袖T恤也没法穿了。即使穿了短袖的，也生怕被同学发现。为了解决这个问题，我决定穿长袖的衣服，可是，天哪！这样做，对于怕热的我来说，太难受了！我该怎么办啊？

② 小黑毛，成了女生的痛

芳洁：最近一段时间，女生经常会聚在一起说自己腋下长出的小黑毛。大家一致认为，这种东西很难看，尤其不能让男生看到。如果那样，多丢人！女生们各抒己见，有的说要买些除毛霜，有的说要用镊子拔……咝咝！想起来都疼！

③ 恼人的小黑毛，被妈妈发现了

飞雪：这天，妈妈给我买了一件新T恤，非要让我穿上。我也没有多想，便站在穿衣镜边穿上了。妈妈突然发现了我的小秘密——腋窝下的小黑毛，微微一笑。我马上意识到，一定是妈妈发现了。本来不想和妈妈说的，看来瞒不住了，可妈妈却说我“长大了”。长了小黑毛就意味着长大了吗？真奇怪！

科学解析

腋毛位于腋下，是女孩的第二性征之一，是肾上腺开始分泌雄激素的结果。腋毛出现的时间比阴毛要晚1～2年，国外报道出现腋毛的平均年龄为14～15岁，我国女孩也在14～15岁后出现腋毛。

有些女孩认为，夏季穿短袖衣服时，腋毛露在外面不雅观，有的用剪刀剪去，有的用刀片刮毛。其实，这样做是错误的，也是有损健康的。不论你是剪还是刮腋毛，都不能阻止腋毛正常萌出这一生理现象，而且非常容易造成腋窝的细菌感染。

专家支招

腋毛是进入青春期的标志之一，每个女孩都会长腋毛，主要作用有二：

① 御“敌”于肌肤大门之外

腋毛对它所生长的体表部位，能起到遮挡、保护人体皮肤的作用，使之不受外来细菌、灰尘等的侵袭。

② 缓解摩擦

当人体活动时，手臂运动起来，腋窝会牵拉着周围皮肤间出现摩擦力。如果摩擦过久、过重，腋毛会擦在其“中间”，起到缓解皮肤摩擦时的作用，以保护腋窝皮肤使之不受擦伤。正是由于腋毛的作用，才使得女孩腋窝的皮肤没那么容易受到损伤。

青春期女孩，要正视腋毛这一正常的生理现象，千万不要因为某些错误的观点而损害自己的健康。

小贴士

哪些人群经常会脱掉腋毛

人体的腋毛会对它所生长的体表部位起到遮挡、保护的作用，使之不受外来细菌、灰尘等的侵袭，因此最好不要轻易剔除。可是，有些人也会出于不同的原因而脱掉腋毛，比如，参加游泳比赛的参赛者，为了减少水中游泳时的阻力，一般都会将身上的毛发（包括腋毛）去掉；有些参与健身的人士为了美观，也会将腋毛去掉。

我的个子比男生高

青春期女孩个子长得高有原因

现在刚五年级，女孩个子就长这么高了，甚至还比男生的个子高；本来坐在教室中间位置的，也被调到了后排……为什么女孩在青春期个子长得这么快呢？以后还会这样长吗？如果继续长，该长多高啊？

女孩的心思

① 同桌看到我，很自卑

丽芳：这几天，同桌都不愿意理我了。即使做作业时有了问题，他也会扭头问后面的同学。我问他是怎么回事，他说是因为我的个子长得比他还高。我怎么没有发现。我让他站起来比比，可是他不肯，说那样让他更没面子。天哪！怎么会这样？

② 我不想长得这样高

曼青：升入初二后，我的个子“突飞猛进”，不仅在女生中是个子最高的，在男生中也不甘示弱。这几天，学校要组织文艺汇演，我本来挺喜欢跳舞的，可是，由于长得太高，没有同学愿意和我搭伴。我只好出了一个歌唱节目。一个人表演节目真难受，真不想长得这样高！

③ 这人也是，怎么这样没眼光

梦菡：这天，我陪妈妈上街，遇到了一位妈妈的老同学。两人似乎已经有十多年没见面了，对方将我当成了小姨，说我长得越来越漂亮了！切！什么眼光！即使不看容貌，也应该看看年龄吧！哎！谁让我长得和妈妈个头差不多呢！

科学解析

到了青春期，女孩会经历一段身高生长速度加快的时期，每年身高可以增加7厘米～12厘米。研究发现，男孩出现生长速度峰值的年龄比女孩晚2年，所以在10～12岁，女孩的身高完全可能超过同龄的男孩。

通常来说，在月经初潮前一年，女孩已经到达生长速度的高峰。初潮以后，身高增加就有限了，大多数女孩只能增加3厘米～4厘米。研究发现，青春期出现得越早，余下的身高增加幅度就越小；青春期开始得越晚，身高增加越有限。

青春期身高增长的加速和生长激素、性激素分泌增多有关。性激素不仅对软骨细胞和成骨细胞的生长有促进作用，而且能够增加生长激素的分泌。这里的性激素主要指雌激素，女孩的雌激素可以由卵巢直接产生。

专家支招

身高增长加速是青春期人体变化的主要表现之一。青春期女孩要仔细观察并且记录每年身高变化的情况，同时要合理增加营养保证充足睡眠，使自己能够在生理、心理上都得到充分的发育和成熟。

小贴士

青春期提前，会使身高变矮

人的最终成年身高（终身高），是各种因素相互作用后的综合结果，主要由两个部分组成：青春期开始时的基础身高，占80%；青春期时“冲刺”所获得的身高，约占20%。青春期影响终身高的主要原因有二：一是青春期前和青春期期间的生长速度；二是青春发育时间的早晚所决定的生长周期的长短。研究发现，营养过剩会促使青春发育起始时间明显提前，青春期之前的生长时间就会缩短；青春期每提早1年，就会损失约5厘米基础身高。

喝凉水都长胖

青春期女孩为什么容易长胖

体重长了这么多，好自卑！看着镜子中的自己，已经没有了原来的小巧娇瘦，真难过！怎么会长这么胖？这段时间也没有多吃多少啊！真是喝口凉水都长胖啊！为什么会有双下巴？为什么手指肉乎乎的？为什么大腿上多了这么多的肉？如何才能恢复到原来的样子呢？

女孩的心思

① 长得这么胖，我很自卑

兰英：不知怎么搞的，高中一年的时间，就让我的体重从原来的110斤，长到了现在的130斤。说心里话，我也没吃多少啊！我很自卑，觉得同学都看不起我，都不敢和同学来往了！我该怎么办啊？

② 喝凉水也长胖

丽容：放假了，我决定给自己减减肥。采用的方法是节食。可是，一个假期过去了，体重非但没有减下去，还长了5斤。难道喝凉水也能长肉？要知道，我每天可只吃一顿饭啊，其他的时候，都是喝水来补充！为了自己的身体，我不打算再减了。但是，我要告诉自己的好友：千万不能为了减肥而节食，因为喝凉水也会长胖，呵呵！

③ 我真是一个圆球吗

梦秋：这天，远方的表哥来我家玩儿。表哥一见到我，就呵呵笑着说："这一年没见，怎么长得快像个皮球了。"我知道，他是在笑话我胖，我狠狠地瞪了他一眼，便躲进了屋里。我站在镜子前面，自问："我真的像个球吗？"我仔细地看着自己，发现自己真的太胖了！真的快长成圆球了！

科学解析

青春发育期间，人体新陈代谢旺盛，内分泌激素分泌增多，为了满足身体发育的需要，人体需要的营养素也增多了。可是，如果进食过多，尤其是进食过多高热量的饮食，活动又少，过剩的能量就会转化为脂肪，造成肥胖。

特别是女孩，进入青春期后，由于内分泌激素的作用，很多女孩一下子会变得文静、贤淑起来，各种较剧烈的活动也很少参加。再加上不少女孩喜欢吃零食，就势必造成营养过剩，使身体发胖。

有些肥胖的女孩一活动就会感到心慌气短，甚至由于氧耗量和心输出量增加，出现头晕、头痛和血压增高等现象。

专家支招

青春期的肥胖不但有损于体形和外观，而且还会影响健康。怎样才能避免青春期发胖呢？

① 加强体育锻炼

女孩要避免青春期发胖，就要加强体育锻炼，配合内分泌激素的分泌，促进身体的迅速发育、成长。

② 合理进食

进食适中，餐前可以先吃一些水果和汤类，要少吃主食、甜食和动物脂肪，多吃蔬菜、水果、豆类和瘦肉等。

③ 合理搭配饮食

少吃一些含脂肪过高的食物，多食一些含纤维素较高的谷类、蔬菜和含微量元素较多的水果类。

④ 多交友，多运动

要积极和朋友来往，多参加文体活动，特别要积极参加体育活动和体力劳动，锻炼体能。

⑤ **不要过分节食**

对于正常发育的女孩，不要为追求所谓的“苗条”而过分节食，以免影响身体健康。

⑥ **正确认识肥胖的危害**

要正确认识肥胖产生的原因及其对机体的危害，掌握肥胖防治的方法。

⑦ **不要使用饥饿疗法**

千万不要用饥饿疗法减肥，以免影响青春期正常生长发育。

小贴士

有效减少肥胖纹

青春期，有些女孩体重会急速增加，于是便在小腹、大腿和臀部间出现了肥胖纹，这样不仅影响女孩的外观和心情，还会伴随出现皮肤干痒等不适症状。目前，没有哪种方法能够完全预防肥胖纹的出现，但是如果做到了下面几点，是完全可以降低肥胖纹发生的概率的：（1）加强皮肤保湿。同时，配合适度按摩就可以减缓肥胖纹的发生。（2）不要让自己的体重急剧增加。

身上怎么会有一股怪味道

每个人都有一种特异的体味

好难闻啊！为什么教室里经常会飘散出一股股说不清道不明的味道。我们的身体都有味道吗？要不，教室里应该是清爽的啊！随便从一位同学身边走过，有时就会闻到一股味道。淡淡的，不好闻，但也不难闻。身上怎么会有这种别样的味道呢？

女孩的心思

① 同学们怎么都喜欢和×××在一起

灵慧： 最近一段时间，我发现，很多同学都喜欢和×××玩。×××长得很普通，但干净清爽，而且最关键的是，她身上有一股淡淡的体香。只要从她身边走过，就会带来一种淡淡的香味。我知道，她是不用香水的，难道是浴液香？我问她为什么会这样，她回答说，自己没有使用任何有香味的东西。天哪，这太奇怪了！

② 哎！衣服上怎么会有种味道？

曼丽： 从小到大，我的衣服都是每天换的。可是，这段时间却突然发现，我的衣服每次都散发出一股味道，说不清也道不明。这可是冬天哎，又不怎么出汗，我是不是生病了？

③ 可恶的味道，让人很没面子

玛丽： 每次表妹只要来到我家，晚上肯定是和我一起睡觉的。可是，今天，表妹却不乐意了，为什么？原来，她说我的身上有味道，不好闻。哎呀！真是丢死人！我将自己脱了个彻底，到洗手间里好好洗了洗，可是，表妹依然不乐意。“哦！My god！”悲催！

科学解析

体味是人的身体发出的气味，这些气味主要是由皮肤中的汗腺、皮脂腺等各种皮肤腺体的分泌物挥发产生的。

身体散发的味道一般有两种比较常见，一是人身体散发的气味，也叫体味。体味有香臭之分。比如，古代的香妃，体味就是香的。有的人的体味自己觉察不出来，同性也可能不觉，但异性会很敏感，或会成为吸引异性的香味。

另一种是因疾病引起的气味，和皮肤、七窍有关。这和身体健康状况有关，比如，消化不好会口臭和放屁，上呼吸道疾病也会引发口臭和鼻臭，肝脏病也会引起口臭。

体味是由体表皮肤及机体内管道的体表开口的分泌物所产生的刺激性味道。良好的体味给人以愉快的感觉；反之，往往给人带来很多的不便。

专家支招

要想改变自己的体味，或者使自己的体味不让人讨厌，就要多采取一些方法：

① 保持身体健康

有些女孩出现体味是因为身体出现了问题，比如，得了肾病和肝病都会出臭汗，上火也会出现汗臭、口臭、尿臭等现象。在日常生活中，女孩应多关注自己的身体，一旦出现这种情况，要及时找医生治疗。

② 注意个人卫生

有些人之所以有体味，是因为自己不注意个人卫生。青春期的女孩每天都要洗澡，要经常洗头，保持身体的清洁，这样也可以避免出现体味。

③ 饮用一些改变女孩体味的饮品

很多饮品都有利于女孩体味的改变，比如：茉莉花。茉莉花是一种香味极浓的茶，素洁、浓郁、清芬、久远，在中国的花茶里，有可闻“春天的气味”之美誉。

小贴士

腋臭喷香水不如找医生

腋臭，又称狐臭、臭汗症等。患者腋窝部的大汗腺排泄的汗液富含脂肪酸，经皮肤表面的细菌分解，产生不饱和脂肪酸而发出臭味。由于这种气味和狐狸肛门排出的气味相似，所以被人们称为狐臭。为了掩盖狐臭，很多人都会用香水来掩盖，这种方法是不可取的，不但不能达到去除狐臭的目的，而且非常有可能对身体造成更大的危害。

第二章

私处

让人不好意思说出口的地方

一直以来，女孩的私处都是一个神秘的地方。可是，在青春期，这里会出现很多的变化，比如胸部长出“小花苞”、乳房一个大一个小、下体会长出小黑毛、会出现月经和白带……为什么会有这些变化呢？如何对待这些问题呢？

- 运动不容忽视，吃一些促使激素分泌的食物。
- 佩戴一个合适的胸罩，乳房要经常按摩。
- 正确认识乳房，多吃一些热量高的食物。
- 每天晚上都要用温水清洗外阴，不要穿别人的内裤。
- 不要参加剧烈的运动，学习正确清洗外阴的方法。

我的胸部为什么会长起小花苞

胸部发育是青春期的显著特征

青春期来了，我们长大了，胸部也一天天变大了，长成了两个小花苞，真是又兴奋又害羞。兴奋的是，自己长大了，有曲线美了；害羞的是，怎么面对男生异样的眼神？走路的时候，都不敢挺胸了。可是，如果一直向前哈着腰，会不会成为驼背？我们的胸部为什么会出现小花苞呢？如何对待这两个小家伙呢？

女孩的心思

① 胸部为什么会出现小花苞

凝雪：最近，我发现自己的胸部出现了一个小花苞。洗澡的时候，我也不敢碰它，生怕它出现什么问题；穿内衣的时候也是小心翼翼，担心碰到它。这是怎么回事？是不是生了什么病？该不该让妈妈带我去医院检查呢？

② 这种想法是不是很愚蠢

娜兰：这段时间，胸部的小花苞越来越大了。我在网上悄悄地搜查了资料，原来是因为自己的青春期到了。我们班上的女生，是不是也遇到了这样的问题？过几天找同学问问。可是，这样私密的问题，她们会直接告诉我吗？要不，多留意一下她们的胸部。哎！这种想法是不是很愚蠢？

③ 烦人的小花苞，让我直不起腰来

曼吟：最近几天，几个调皮捣蛋的男生总爱盯着女生的胸部看。我知道他们在看什么，为了不让他们发现我的秘密，走路的时候，我都不敢直着腰了。青春期，女生的胸部会长这样的小花苞，男生为什么就不长呢？

科学解析

乳房的发育是女孩性成熟的标志之一。

在青春发育期，女孩最先发育的是乳房。女孩乳腺开始发育，是受到了体内雌性激素的影响，这时乳房内除了许多细长的乳腺管不断发育外，还积累了不少脂肪。由于乳腺组织较硬而脂肪组织较柔软，所以乳房会逐渐隆起，而且富有弹性。

不同的女孩乳房发育有很大的差异。有的女孩在8～9岁乳房就开始发育了，有的女孩要到16岁或更大一些乳房才开始发育。大多数女孩在月经初潮之前，在9～14岁时乳房开始发育。

乳房刚刚开始发育时，构成乳房的乳腺、周围的脂肪组织在乳头及其周围的乳晕形成一个花骨朵样的小鼓包，使乳头和乳晕隆起，乳头开始变大。之后，乳头隆起得更高，整个脂肪组织也渐渐变得更丰满，最后发育为成年女性的乳房形状。

专家支招

乳房发育的速度也因人而异。有些女孩乳房发育开始得虽然晚，但发育得较快，而有些女孩乳房发育得较早，却生长得较迟缓。如何来促进乳房的正常发育呢？

① 运动不容忽视

运动可以使胸部变得健康而富有弹性。锻炼可以使乳房下胸肌增长，胸肌的增大会使乳房突出，所以胸部看起来就像变大了。在运动的时候，最好多做做锻炼背部和肩膀的运动，如游泳、上肢的锻炼等。

② 食物怎可错过

为了促进青春期乳房的发育，可以吃一些促使激素分泌的食物，如卷心菜、菜花、葵花子油、菜籽油、芝麻油等。除此之外，蛋白质、亚麻油酸、B族维生素也是身体合成雌激素不可缺少的成分。富含丰富蛋白质的食物主要有奶、奶制品、瘦肉、蛋类、豆类及豆制品等。

小贴士

有的女孩为什么胸部平平

乳房的发育受垂体前叶、肾上腺皮质和卵巢内分泌激素影响，垂体前叶产生促乳房激素而直接影响乳房发育，卵巢产生雌激素、孕激素，促进乳房发育。此外，生长激素、胰岛素等也是乳腺发育不可缺少的成分。所以，乳房过小与激素分泌不足有很大关系。除此之外，乳房大小还受种族、遗传和体质等因素的影响。

别碰，疼

胸部胀痛有原因

青春期来了，意味着我们长大了；胸部变大了，我们“惨”了。随便一碰，就会痛。活蹦乱跳的我们，该怎么办？原想在男生面前亭亭玉立，可是这些无言的“痛”却让我直不起身来。在同学面前，尤其是在男生面前很没面子，我如何才能昂首挺胸呢？

女孩的心思

① 能不能只要青春不要疼

小米：可恶，写作业的时候，胸部不小心碰到了桌子边，又产生一阵隐隐的痛！为了解决这个问题，我决定给自己多穿一件内衣，做好防护。可是，天哪，即使这样，遇到碰触的时候还是痛！我该怎么办啊？

② 疼疼疼，害得我面子尽失

小雅：星期天，我和同学去爬山。可是，走路的时候不小心被同学碰到了胸部，好疼啊！我想用手安抚一下我的胸，可是，这么多男同学，真丢人啊！我趁着同学不注意将手放到了胸部，可还是被一个男同学发现了。我的脸刷地红了，哎！丢死个人！

③ 恼人的疼痛，让人看不起我

小溪：这天，7岁的表妹来我家玩。我将表妹抱在胸前看电视，表妹不小心用胳膊肘碰到了我的胸。天啊！好疼！我大声喊了一句："真疼！"表妹扭头看了看我，说："不就是碰了一下吗？怎么这么娇气！"悲催！我的疼痛她当然不知道了。

科学解析

进入青春期后，女孩的身体会分泌大量的雌激素，雌激素一旦作用到乳房，不仅会促进乳腺增长，还会刺激乳管的发育。在雌激素的作用下，乳房就会充满水分，变得绷紧挺立，这时乳房就开始发育了。

开始的时候，是乳头隆起。这时候，乳房组织内会出现一个犹如豌豆大小的圆形硬结，会出现轻微的胀痛感。在这个过程中，乳房会变得异常敏感，平时会有紧绷的感觉，如果受到外力的压迫，会特别疼痛。

女孩最早的乳房疼痛，一般发生在9～13岁。随着乳房的逐步发育成熟，身体会分泌出另外一种激素——孕酮。孕酮可以有效缓和雌激素的作用，阻止乳腺增殖，减轻水肿现象，这样乳房发育就会趋于平衡，不再特别疼痛了。初潮后，随着青春期乳房发育的成熟，乳房的胀痛感就会自行消退。

专家支招

乳房胀痛是乳房发育过程中的一种正常生理现象，大多数女孩在乳房发育期都会有这种感受。那么，如何有效缓解青春期乳房胀痛呢？

① 佩戴一个合适的胸罩

胸罩不仅可以防止乳房下垂，还可以有效防止已受压迫的乳房神经进一步受到压迫，有效消除不适。为了缓解乳房的胀痛，可以给自己购买一套适合自己胸部大小的胸罩。

② 乳房，要经常按摩

轻轻按摩乳房，可以促使过量的体液回到淋巴系统。具体的方法是：先将肥皂液涂在乳房上，沿着乳房表面旋转手指；然后，用手将乳房压入再弹起。

③ 学会使用热敷的方法驱散疼痛

热敷是一种传统的中医疗法，可以缓解乳房疼痛。可以用热敷袋、热毛巾等方式来缓解乳房痛。如果采用冷、热敷交替法，效果会更明显。

小贴士

乳腺增生的先兆也是乳房疼，对吗

在身体发育过程中，随着乳房的生长，会出现胀痛感，稍微一碰就会很疼，这是很正常的现象。可是，如何这种疼痛持续的时间比较长，就不正常了。一旦发现乳房疼痛的时间比较长，女孩就要及时告诉家长，不能拖延。让家长带着自己去医院进行检查，做到早发现，早检查，早治疗。因为乳房疼可能是某种乳腺疾病的先兆，一味地害羞或忽视，只会加重病情，耽误最佳医治时间。

乳房怎么一个大一个小

大小无所谓，健康最重要

真是烦人，乳房怎么一边大，一边小。看着其他女同学大小匀称的两个乳房，真是羡慕。青春期，女生的乳房肯定会发育，可是，无论如何也不能这样一个大一个小吧！青春期来了，乳房一个大一个小，正常吗？如何才能让自己的乳房长得大小匀称呢？

女孩的♥心思

① 出问题了

明美：最近我出问题了！我发现自己的乳房一个大一个小。晚上洗澡的时候，我无意中看了一下自己的两个乳房，突然发现，它们两个长得一个大一个小，是不是我有什么问题啊？我该怎么办啊？

② 一大一小的乳房让我不想再提

惠茜：早上，几个女同学聚在一起，她们问我："你看，你的胸部怎么一个高一个低？"这是我最不愿意听到的。我知道自己的乳房发育得一个大一个小，总是担心被同学发现笑话我，可是，终究纸包不住火，还是被她们发现了。我对她们说："它们俩懂得互相谦让，所以一方将营养都让给另一方了！"同学们听了我的解释，偷偷地乐起来，而我却不想再提。

③ 为什么人们都关注我的胸部问题

香茹：今天，大姨来看我了，当她发现我的胸部一大一小时，说："快去医院查查，万一有什么问题呢？"我知道，大姨这是关心我，可是，依然顶撞了她一句："你们为什么总是关注我的胸部，就不能关心点儿别的？"妈妈见我这样说，说我不礼貌，可是，能怪谁呢？因为这个问题，很多家人都跟我说过。她们怎么就对我的其他方面不关心，非要盯着我的胸部看呢？

科学解析

一般来说，性发育成熟后的女孩两侧乳房基本上是对称的，也就是说两侧乳房的大小基本上相同。但是，如果仔细测量便会发现，每个女性两侧乳房的大小都是略有差异的。一般来说，右侧略大于左侧，但肉眼观察是不易看出来的。

但是，有少数女孩的双侧乳房呈现明显的不对称，一边大一边小，有碍美观。其原因主要有以下两方面：第一，在青春发育期，两侧乳房对体内雌激素、孕激素的敏感性不同。敏感性较强的一侧生长较快而长得较大，敏感性较差的一侧发育迟缓长得较小。第二，有些女孩不正确的写字姿势及劳作、运动习惯，使两侧胸大肌及其结缔组织的发育不均衡，影响了左右乳房的对称。

正常乳房腺体生长受到女性荷尔蒙的影响，因此左右两侧对于女性荷尔蒙的反应不一致，就会导致某一侧的腺体增生较另一边为活跃，表现在外观上就是体积大一些。青春期的女孩，两边发育不一样快，或者不一样成熟，都是正常的现象，等到两边都发育成熟时，左右乳房的大小就会趋于一致了。

专家支招

青春期女孩，该如何来保护自己的乳房呢？

① 自我矫正

如果两侧乳房大小差距不太大，可以通过自我矫正来治疗。以左侧乳房太小为例，用扩胸器锻炼时，要特意增加左臂的伸展次数，平时要有意识地多用左手提、捧重物。这样，不但可健壮左侧胸肌，增大乳房，而且多用左臂，还可以有效促进大脑右半球的发育，使人更聪明。如果两侧乳房大小差距悬殊，采用上述自我矫正法无效时，就要去医院进行手术矫正。

② 多吃一些热量高的食物

为了使瘦弱的身体变得丰满，可以多吃一些热量高的食物，比如，蛋类、瘦肉、花生、核桃、芝麻、豆类、植物油类等。同时，乳房也会由于脂肪的积蓄而变得丰满而富有弹性。事实证明，这种丰胸方法可以改善胸部发育不良的问题。

③ 补充B族维生素

B族维生素有助于激素合成，其主要存在于粗粮、豆类、牛乳、牛肉等食物中。内分泌激素在乳房发育和维持过程中起着重要的作用，雌性激素使乳腺管日益增长，黄体酮使乳腺管不断分支形成乳腺小管。这种方法可以促进胸部二次发育。

④ 多做扩胸运动

扩胸运动能锻炼胸大肌。虽然胸肌不属于乳房组织，但是有丰满的胸肌作为基底，可以让你的胸看起来丰满很多。而且，常做扩胸运动也有利于增加胸部弹性。

小贴士

什么样的乳房是不正常的

虽然有的女生的乳房大小可以略有不同或不对称，但其外形轮廓却始终浑圆，光滑平整。如果见到双侧乳房外形明显不对称，一侧位置高或一侧位置低，或一侧隆起、一侧扁平，则属于异常情况。有的青春期女孩会胡思乱想，成天担心自己是不是长了乳房瘤、会不会得了癌症。事实上，女孩产生乳房病变的概率相当低，因此在乳房发育初期不必担心这些问题。

下面为什么会长出黑黑的小毛毛

每个人都有阴毛，不羞耻

中学时代是个多彩的季节，也是个令人烦恼的季节。在下面怎么会长出小毛毛，还黑黑的，好难为情！下面为什么会长出这些黑黑的毛毛，能用什么东西去除吗？

女孩的心思

① 下面怎么会长出小黑毛

梦瑶：今天洗澡的时候，我突然发现自己的下面长出了一些小黑毛，虽然不是很多，但清晰可见。怎么前几天就没有发现呢？什么时候长出来的？它跟爸爸的胡子一样吗？我想试着拔掉一根，没想到还真疼！下面为什么会出现小黑毛呢？

② 小黑黑，我要将你盖住

雅琳：为了不被同学发现我的“小黑黑”，上公共卫生间的时候，我不是背着同学，就是尽量用裤子将下面的黑毛毛盖住。我观察了一下，发现几个女生的下面也出现了小黑毛。即使这样，我还是极力掩饰着自己的不安。因为，我知道，如果被同学发现了，她们一定会笑话我的！这种想法是不是很可怕？

③ 用剪刀剪剪剪

静宸：为了将自己下面的小黑毛去掉，我用剪刀将它们剪去了。看着光滑如旧的皮肤我很高兴，可是半个月之后，我赫然发现那上面又出现了一些小黑毛，而且似乎比原来还要重，还要粗一些，怎么回事？为什么会越剪越长，越长越粗，越长越密？

科学解析

从第二性征出现的先后顺序来说，女孩的阴毛萌发算是较早的发育信号。女孩阴毛的生长分为六个时期：

第一期，10岁以前，还没有可以看到的阴毛。

第二期，10～11岁，稀疏生长起长而柔软的阴毛，轻微卷曲。

第三期，12～13岁，阴毛增多，并逐渐卷曲，又粗又黑。

第四期，14～15岁，阴毛扩展覆盖住阴唇。

第五期，16～17岁，阴毛扩展到耻骨区，成为成人型。

第六期，18岁时，阴毛呈典型的倒三角形分布到大腿内侧。

资料显示，我国女孩一般在14岁时开始出现阴毛，到十七八岁，阴毛的疏密状况基本定型。在现实中，阴毛的疏密个体差别很大，它不是反映性功能或生育能力的标志，所以阴毛稀少或无阴毛的女孩不要为此烦恼和担心。

专家支招

阴毛具有减少摩擦与保持通风的作用。在减少摩擦上，阴毛的存在可以减少性器官与衣物之间的摩擦，以及减少在走动及运动时所产生的剧烈接触。阴毛的存在也可让生殖器官保持通风，避免下体环境太过潮湿。

在与阴毛有关的疾病上，阴虱可以说是比较常见的。如果想避免阴虱的感染，必须注意个人的基本卫生。如果不幸感染了阴虱，最好的方法还是把阴毛剃掉，从而隔断阴虱生长的空间。

阴毛虽然处于身体的隐秘部位，平常也不会有人对其做特别的修整或滋护，但是其重要性却不容忽视。在平常重视对头发、眉毛等毛发护理的同时，不要忽略了阴毛的卫生保健。

小贴士

没有阴毛怎么办

如果处于青春期的女孩年满18岁，阴毛仍然没有出现，有可能是天生无阴毛，其原因大致可以分为两种：一种是阴部或腋窝皮肤的毛囊对睾丸酮不敏感，即使体内存在较高浓度的睾丸酮也不会长阴毛。这样的女孩一般都乳房发育正常，月经能准时来潮，不会影响婚后性生活。另一种是由先天性无卵巢或卵巢发育不良等疾病所引起的无阴毛，通常会伴随其他第二性征发育不良，比如，身材矮小、无月经、外貌显得幼稚。一旦发现这种情况，就要及时去医院接受检查和治疗。

下面真痒

阴部瘙痒，怎么办

这段时间，不知什么原因，下面总是痒痒的。如果是在家里，可以自己隔着裤子挠挠；可是，如果在学校，怎么好意思将自己的手放在这个部位呀？同桌发现了，怎么看我？男同学发现了，肯定会笑话我！阴部瘙痒，该怎么办啊？

女孩的心思

① 痒痒痒，让我在同桌面前很没面子

芸熙：今天上课的时候，我的下面又开始痒了。实在忍不住了，我便隔着裤子在上面抓挠了几下。这样的动作，连续了三四次，我才发现，同桌一直在偷着看我！真丢人啊！如果有个地缝我一定会钻进去！虽然我对同桌的做法表示不满，可是谁让自己的下面痒痒呢？

② 恼人的痒痒，让我出丑了

钰彤：今天，学校举办演讲比赛，我也参加了。轮到我演讲的时候，我神采奕奕地走上了主席台。可是，这时候，下面却开始痒起来。我知道，这种痒已经持续了几天，当时也没太在意，没想到在这关键时候给我掉链子——我用手挠了一下下面。我发现，有人在捂着嘴偷偷地乐，我知道，这个小动作被台下的观众发现了，这能怪谁呢？谁让自己不去检查呢？

③ 用香皂清洗，危险吗

乐姗：最近一段时间，为了让自己的下面更干净，每次清洗的时候，我都会使用香皂。今天晚上，我在洗手间里清洗下身的时候，忘了关门，妈妈误闯进来。当她看到水盆里的香皂泡时，急忙给我倒掉了，还说："怎么能用香皂洗？"妈妈给我换了一盆清

水，说：“用这个洗就行，什么都不要用。”幸亏被妈妈发现了，不然会出现什么结果，真是难以预料。

科学解析

进入青春期后，女孩的阴道上皮会逐渐增厚，出现阴道皱襞，阴道内的分泌物也逐渐增多，自然防御机能明显增强。

外阴瘙痒绝大多数都是由于不讲外阴部卫生所引起的。初潮后，如果不注意月经期的阴部卫生，经血和阴道分泌物就会污染和刺激外阴部而引起瘙痒，甚至发展为炎症。除此之外，有些精神因素也会引起阴部瘙痒，比如，过分将注意力集中于阴部，当其他人谈论外阴瘙痒或搔抓时，引起条件反射也可以造成外阴瘙痒。

青春期女孩的外阴还没有发育完全，尿道短且外口暴露，容易受污染，阴道上皮抵抗力也弱，一旦感染，细菌就可长驱直入，引发泌尿道感染、阴道炎等疾病。青春期女孩最好不要用肥皂清洗下身。肥皂是碱性物，使用肥皂清洗下身，起了中和作用，会大大削弱这道屏障的威力。

专家支招

在青春期，女孩还没有完全发育成熟，雌激素缺乏，阴道分泌物比较少，如何来做好下身的卫生工作呢？

① 自己的卫生用品自己用

要想做好下身的卫生，首先要做的是自己的卫生用品自己用。比如，不穿别人的内裤，内裤要选择大小合适、柔软、吸水性好的棉制品，并要勤洗勤换。清洗外阴的盆、毛巾和水要单独使用，不能与洗其他部位的盆、毛巾和水混用。

② 正确擦拭

为了有效预防肛门口的细菌进入阴道，要养成大便用纸从前向后擦的习惯。大便后要用手纸由前向后揩拭净。如果擦不干净，肛门留有粪渍，就会使内裤受到污染。粪渍内含有大量的肠道细菌，一旦趁机拐入阴道，极易引起炎症。

③ 正确清洗外阴

青春期女孩要正确清洗外阴，如非必要不要冲洗阴道，以免破坏阴道的生态平衡，让外界的病菌乘虚而入。瘙痒时，不能用手抓阴部，不能用衣物摩擦，更不能用热水和肥皂等清洁剂烫洗，也不能使用高锰酸钾等消毒剂清洗，以免外阴、阴道受到不良刺激，改变阴道正常的酸性环境。

④ 特殊时期特殊对待

为了预防疾病的发生，青春期女孩应注意特殊时期的卫生，坚持和养成良好的卫生习惯。在月经期间，要用温水清洗，不要用冷水；要勤换卫生巾，不能长时间不换。每天晚上，都要用温水清洗外阴。潮湿的环境，最容易滋生细菌，要尽量保持下身的干净卫生。

小贴士

阴部洗得越勤越好吗

为了保持下身的干净卫生，每天晚上都要清洗外阴部。可是，阴部的皮肤有尿液、大便残留，所以需要经常清洁去污，但并不是洗得越勤越好。过度的清洁会破坏皮肤表面上的保护膜，从而使其变得干燥不适，乃至瘙痒，最合适的清洁频率是每天清洗一次。

第一次来月经，好紧张

第一次来月经，如何保健

下身出血了，好紧张。不敢坐、不敢站，总担心它会在不经意中弄湿裤子，被人发现。上体育课更是小心翼翼的，如果老师安排跳马课程，情况就更糟糕了。如何才能不让他人发现呢？如何才能做好月经期的保健？

女孩的心思

① 天啊，下面怎么出血了

天瑜：晚上上厕所的时候，我发现自己的内裤上流下了一摊血迹。难道是下面受伤了？不可能啊！身体里的血怎么从下面流出来了？我急忙喊来了妈妈，妈妈告诉我，这是月经，不用害怕！哦！原来月经是这样的啊！

② 第一次来月经，能活动吗

梦瑶：今天，月经光顾了我。我感到很紧张，虽然按照妈妈的指示，垫好了卫生巾，可是依然不敢动。写完作业之后，我依然坐在凳子上，就连妈妈叫我吃饭，我都没有站起来，生怕出现什么问题。第一次来月经，能活动吗？

③ 内裤上怎么经常会黏上月经

诗琪：我知道，到了青春期每个女生都会来月经。可是，每次来了月经我都会将一些血迹弄到内裤上，尤其是第二天早上起来的时候。每到这时候，我都会重新换一条内裤，将脏的清洗一下。幸好这是发生在家里，如果出现在学校，尤其是夏天的时候，尤其是当我从座位上站起来的时候……天哪！简直不敢想象！

科学解析

正常情况下，女孩长到十三四岁，在生理上最突出的变化就是月经来潮。青春期女孩首次来月经，医学上称为“初潮”，是女孩进入青春期最明显的标志，它标志着女孩开始进入性生理发育过程的第一关。

正常女孩的月经周期，一般为28～30天，月经期持续约3～7天。有些女孩初次来月经后的一段时间，月经周期会不太规则，比如：提前、推迟、时来时停，有的甚至要间隔几个月才会再来月经，这主要是因为其卵巢发育还不成熟，功能还不稳定，卵巢还无法每月准时排卵。随着女孩年龄的增长，月经周期自然会逐渐变得规律起来。

专家支招

当月经初次来临时，很多女孩都会感到紧张、害怕、羞涩、好奇等，这时候做好初潮期保健，对女孩来说是十分重要的。

① 做适量的运动

在月经期间进行轻度适量的运动，可以促进机体新陈代谢，改善血液循环，有利于减轻盆腔充血及小腹坠痛感。需要注意的是，锻炼时间要短，运动量要小，运动速度要慢，要避免剧烈的体育运动。

② 保持局部的卫生清洁

每天要用清水清洗外阴1～2次，以免引起细菌感染和发热。资料显示，初潮女孩外阴瘙痒症的发病率约为6.9%，主要原因就是经期外阴不清洁。

③ 了解一些有关青春期生理、心理知识

比如月经是每个女孩的正常生理现象。月经初潮时出现的腰酸、嗜睡、疲劳、乏力等不适属于正常现象，不要过分忧心。

④ 选择经期卫生用品

要使用优质卫生巾，千万不能为了贪便宜而使用劣质产品。

⑤ 养成良好的睡眠饮食习惯

注意休息，保证充足的睡眠时间；多吃一些营养丰富、易于消化吸收的饭菜，从而促进体力和精力的恢复。

小贴士

初潮为什么会有早有晚

青春期女孩的初潮有早晚，一般认为和遗传有很大关系。如果母亲初潮早，女儿也会偏早；母亲初潮晚，女儿也可能偏晚。但这并不是绝对的，它还会受到其他因素的影响。

初潮早晚同居住在城市和农村也有一定关系。资料显示，初潮的年龄，城市女孩早于农村女孩。一般认为，生活水平较高、营养和健康状况良好的女孩，不仅体格生长较快，而且月经初潮时间也会提前。

都过了5天了，“大姨妈”怎么还不来

月经推迟有原因

“大姨妈”怎么还不来？虽然对月经挺讨厌的，可是，到了日子没有来，确实也会担心。是不是闭经了？是不是得了妇科病？还是月经不调……到了青春期真倒霉，“大姨妈”这个让人既爱又担心的东西，总是成为同学之间的交谈热点。月经为什么没有如约而至？

女孩的心思

① “大姨妈”会推迟来吗

雪雁：今天，一位要好的女同学对我说，她的“大姨妈”还没来。我知道，这里的“大姨妈”指的是什么。我问她，推迟几天了，她说有半个月了。为什么会出现这种情况？在过去我也遇到过“大姨妈”迟到的问题，可是，最多迟到三五天，是什么原因会让“大姨妈”来得这样晚呢？

②“大姨妈”就是不来，真不给我面子

煜婷：按照规律，每月的5号左右，我的“大姨妈”都会出现，可是，迟了好几天，我都没有发现“她”？每次只要上厕所，我都要仔细看一下内裤，为了防止意外我甚至还提前垫上了卫生巾。可是，等来等去，“大姨妈”就是不来，真不给我面子！

③精神紧张，会让“大姨妈”来得晚吗

笑怡：中考离我们越来越近了，全班同学都变得紧张兮兮的。我抓紧时间，生怕自己被落下。可喜的是，经过自己的努力，我依然取得了很好的成绩。可是，这时候，我才发现，“大姨妈”已经有两个月的时间没来了。是不是闭经了？妈妈说，是因为太紧张了。事实证明，妈妈的预感是正确的！在调理了一个月之后，“大姨妈”如约而至。难道精神紧张会影响“大姨妈”的到来吗？

科学解析

月经推迟是青春期女孩常见的现象，如果偶尔发生，当然不必介意，可是如果经常发生这种情况，就要去医院接受检查了。那么，青春期女孩月经推迟的常见原因有哪些呢？

◆内分泌异常。如果出现肥胖、多毛、痤疮等症状，女孩就应该去医院内分泌科检查。一旦发现异常，就要立刻接受治疗。

◆慢性疾病。一些慢性消耗性疾病，常常因营养缺乏而导致月经推迟，比如，慢性肝炎、肺结核、肿瘤、甲状腺功能减退、严重的缺铁性贫血、再生障碍性贫血等，往往会让月经推迟。

◆过度减肥。在现实生活中，有些女孩为了控制体重会服用一些减肥药物或者过度

节食，这样也会发生月经推迟。这种情况，如果时间短暂可以自然恢复正常的月经周期，但如果时间比较长，往往需要进行药物调理。

◆精神因素。突然出现精神过度紧张，悲愤、忧伤、气恼等异常情绪，会导致月经推迟。在这样的情况下，往往会伴有乳房胀疼、心烦意乱、郁闷不舒等。这种情况一般不需要治疗，如果月经一直推迟，可以服用中药进行调理。

专家支招

月经推迟是青春期女孩很常见的现象，正常情况下，月经可能会推迟7天左右，超过了就是月经不调的一种表现。如何预防月经推迟呢?

① 多喝开水，注意饮食

为了保持月经规律，要多饮开水。血热的女孩，经期前要多吃一些新鲜水果和蔬菜，不要吃葱、蒜、韭、姜等刺激运火之物。气血虚的女孩，平时要注意增加营养，比如，牛奶、鸡蛋、豆浆、猪肝、菠菜、猪肉、鸡肉、羊肉等，尽量少食生冷瓜果。

② 保持精神愉快

月经期间即使出现下腹发胀、腰酸、乳房胀痛、轻度腹泻、容易疲倦、嗜睡、情绪不稳定、易怒或易忧郁等现象，都属于正常，不必过分紧张，要避免精神刺激和情绪波动。

③ 注意卫生，内裤要勤洗勤换

平时要注意外生殖器的卫生清洁，注意保暖，避免寒性刺激和过度劳累。

内裤要选择柔软、棉质、通风透气性能良好的。要勤洗勤换，换洗的内裤要放在阳光下晒干。

小贴士

青春期，闭经怎么办

青春期女孩闭经能否治愈，取决于闭经的原因。例如，青春期继发性闭经，多数是由环境改变、情绪波动和体重变化引起的，除去这些病因之后，月经都能逐渐恢复。少数因病引起的闭经，比如，多囊卵巢综合征、甲状腺功能异常、结核病菌等，经过治疗后，月经也能恢复正常。但是有些闭经是不能治愈的，例如，生来没有子宫、子宫太小、子宫内膜因病变受到破坏等原因引起的闭经。遇到闭经的情况，女孩要去医院检查清楚。

内裤上为什么会有白白的东西

白带的作用很重要

月经出现之后，出现了很多白带，黏糊糊的，很不舒服，就像糨糊一样，内裤上还会留有白斑。自从有了月经以后就有了些白带，月经规则时，白带反而还比不正常时多，且呈周期性出现，这是为什么？是不是得了阴道炎？

女孩的心思

① 白白的，这是什么

凌菲： 今天，我发现自己的内裤上粘了一些白白的东西，看起来黏糊糊的。这是什么啊？从哪里来的？是不是同学们所说的白带啊？

② 我的内裤怎么会有一种说不清道不明的气味

羽馨：这两天，虽然每天都清洗内裤，可是，一到下午我的下面就会感到不舒服，似乎还会伴有一种说不清道不明的臭味。我的屁股擦得很干净啊！大夏天的，如果让别人闻到，该多丢人啊！内裤为什么会出现这种怪异的气味呢？和白带有关系吗？

③ 白带怎么这样多

靖瑶：最近一段时间，每天我的内裤都会被白带搞得很脏，因为实在是太多了。今天，上课的时候，我感到下面有什么东西流了出来，我知道，一定是白带。因为，经期已经过了。下课之后，我急忙跑到了女厕所，果不其然，不仅内裤上湿湿的，上面还黏着小拇指肚大的一块像胶皮一样的东西。是不是白带出现了异常状况？

科学解析

青春期后，女孩的卵巢开始发育，分泌出雌激素，促进了生殖器官的发育，这时，白带便出现了。

白带是一种阴道排液，是由阴道黏膜渗出物、宫颈腺体和子宫内膜腺体分泌物混合而成的，含有阴道上皮脱落细胞、白细胞和一些非致病性细菌。正常情况下，阴道排液的质与量会随着月经的周期而改变。月经干净后，阴道排液量会减少、变白，呈糊状。

月经中期，卵巢即将排卵时，宫颈腺体分泌旺盛，白带增多，呈透明状，微黏，像蛋清一样。排卵2～3天后，阴道排液会变得混浊，黏稠，量少。行经前后，盆腔充血，阴道黏膜渗出物增加，白带往往会增多。临床上，大部分女生白带异常都是由于不注意个人卫生引起，所以女孩从小要养成注意个人卫生的好习惯。

专家支招

一般白带的作用有三点：

① 天然抑菌剂

白带中含有丰富的糖原，糖原在阴道乳酸杆菌的作用下，会产生出大量的乳酸，使女孩的阴道呈酸性，能有效抑制各类致病菌的生长。这种天然的生理效应称为阴道自净作用。这些菌群形成是一种正常的生态平衡。但是，当人体免疫力低下、内分泌激素发生变化，或外来因素破坏了阴道的生态平衡时，这些常住的菌群就会变成致病菌，冲破阴道屏障引起感染。

② 阴道的润滑剂

由于骨盆底肌肉的作用，女孩阴道口闭合，前后壁紧贴。白带中的水分使女孩的阴道处于湿润状态，这种湿润环境能减少阴道前后壁之间的摩擦，保护阴道壁不受损伤。同时，这种湿润状态使女孩的阴道润滑并富有弹性。

小贴士

白带多，是怎么回事

白带增多有很多情况，有病理性、压力性、周期性、孕期性等，如果是病理性白带增多而导致的白带异常，比如，分泌物的颜色、流量、气味改变，并且常会伴随外阴部瘙痒、疼痛的情形，这种白带异常就需要立即接受治疗。

在初潮期，因为女孩的卵巢功能不全，月经周期不稳定，白带就会与你见面较少。到发育成熟后，在排卵期，白带会非常稀薄而透明，这都是正常现象。

第三章

性

究竟是怎么一回事

对于还没有发育成熟的女孩来说，“性”是一个不好随便谈起的字眼。可是，到了青春期，女孩需要对性知识多一些了解了，比如：自己为什么会长得亭亭玉立，为什么喜欢和男生在一起玩，为什么会喜欢上自己的男老师，为什么会出现“性幻想”……

- 保证全面充分的营养素供给。
- 正确认识这份感情，除去“光环效应”。
- 认识性的科学知识，不断调适自己的性心理。
- 要全面、客观地看待青春期性梦；如果过于频繁，要具体问题具体对待。
- 培养健康的性意识，男女之间交往要自然、坦率和友好。

我喜欢和男生在一起玩

青春期，女孩为何喜欢和男生玩

不知怎么搞的，上了中学之后，总是喜欢和男生一起玩。当然，每次男生一起玩也答应让我们参加。大家都有说有笑，很开心。青春期来了，女孩为什么喜欢和男生玩？经常和男生一起玩，会变坏吗？

女孩的心思

① 同学说我重色轻友

若云：今天，班里组织活动，自己搭伴。同桌想和我一组，可是我却选择了坐在后排的一位男同学。同桌说我重色轻友。哎！我也感到挺奇怪的，为什么喜欢和男生一组呢？

② 我就喜欢和男生打篮球

雯华：每天课间活动时间，我们几个女生都会和男生一起打篮球。男生当然不乐意了，主要是担心碰倒我们。可是，我们却会上去捣乱。为什么会出现这种情况呢？每次和男生一起玩的时候，都会感到很兴奋。

③ 我就想让男生骑车带我

恬然：这天，我们几个要好的同学一起出去野炊。由于我的自行车坏了，只好让同学带着去。我坐到了一个男生的后座上，好兴奋啊！

科学解析

处于青春期的女孩都会出现恋异性的倾向和接近异性的行为。这是很正常的，因为此时的两性交往，有着重要的“社会化”功能。

首先，这是女孩真正接触异性世界的开始。通过与异性交往，女孩不仅会了解同龄异性的各种特征，还会增长对异性的认知。其次，青春期女孩在一种自然、宽松的环境中与异性进行集体交往，是性表达的相宜条件，也是宣泄“性积郁”的最佳途径。

青春期女孩应该正确对待该时期的性意识。正确的性意识有助于自己的身心健康，要记住，喜欢异性没有错。

专家支招

青春期女孩要正视青春期性意识发展的四个阶段：

① 接近异性的狂热期

通常情况下，青春期的女孩会把与自己年龄相仿的异性作为向往对象。在日常生活或活动中，女孩会设法引起异性对自己的注意，从而创造出与中意异性接触的机会。

② 疏远异性的厌恶期

当女孩身上发生生理变化时，很多女孩会对“性”产生不安、害羞，甚至是反感。她们会认为，发生恋爱是不纯洁的，于是对异性经常会采取回避、冷淡甚至粗暴的态度。

③ 对年长异性的爱慕期

青春期，很多女孩会像小牛恋母似的倾慕于其向往的年长异性，她们对异性的爱慕是从比自己年长得多的异性开始的。有些女孩受到异性的影响，会不断地打扮自己。“牛犊恋期”的表现一般是默默地向往，并不会爆发成为真正的追求和恋爱。

④ 青春后期的恋爱期

浪漫恋情，女孩自喜欢一个异性开始，对其他异性的关心就会明显减少。这段时期，女孩会选择一个自己喜欢的对象在一起，单独约会，不愿参加集体性的社会活动，而且很多人还会经常陷入和对方结婚的幻想中。

小贴士

与异性的良好交往会对女孩的身心与学习起促进作用

进入青春期后，随着性生理上的急剧变化，女孩会出现一系列微妙而复杂的心理变化。异性间的相互交往及由相互吸引而产生的愉悦的情绪体验是一种良好的、积极的情绪体验，不仅对身体健康有很大的影响，而且对整个心理活动都具有大量的生理效应，可以激发人的潜能，促使女孩奋发向上。青春期女孩在与异性交往时要注意把握好“度”。

我偷偷喜欢上男老师

这 是 崇 拜 ， 不 是 爱

青春期来了，我们长大了；有了喜欢的人，我们“惨”了。上课的时候，总是喜欢盯着男老师看。发生了情感的转移，偷偷喜欢上了男老师，怎么办？本来想安心学习，可是这种情愫总是缠绕着我，让我无心学习。是不是爱上老师了？能产生师生恋吗？

女孩的心思

① 偷偷喜欢上了老师，该不该向他表白

淑兰：我们的英语老师是个刚从师范院校毕业的大男生。身高1.8米，长得阳光帅气，班里很多女生都喜欢他，每次英语课上大家都认真听，我也是如此。刚开始的时候，我对这位英语老师仅仅是喜欢，可是，后来我渐渐地发现，自己爱上了他，每天都希望见到他，可是一遇到他就会一阵脸红。怎么办？该不该向他表白呢？

② 老师没有答应我，真丢人

婷秀：上中学的时候，我喜欢上了物理老师，他幽默风趣的语言经常会将我逗笑。我情不自禁地爱上了他，还对班上的同学说了自己的感觉。临近毕业的时候，在同学的怂恿下，我大胆向他告白，可是，他却没有答应，而是鼓励我好好学习，不要让这种心情影响我的学习。老师没有答应和我谈恋爱的请求，同学们知道后都笑话我，哎！真是丢死个人！

③ 糟糕，我的秘密被妈妈发现了

文惠：高一那一年，我喜欢上了博学儒雅的语文老师。可是，由于对方是老师，我只好将心中的这种喜欢藏到了日记里。没想到，却被妈妈发现了，真是糟糕！怎么办？妈妈会不会让我转学啊？离开了喜欢的语文老师，我该怎么办？是不是要和父母抗衡呢？悲催！这种心里的痛只有我知道。

科学解析

这种的苦恼与困惑大概是很多青春期的女孩都共有的心理。对异性萌生的好感既让自己兴奋、心动，又让自己彷徨、不安。对异性老师产生了好感，是个体成长过程中常见、正常的现象。这一时期，女孩所产生的恋情是一种类似牛犊恋母的感情。

青春期女孩想独立却又不能摆脱对父母的依赖，所以在性意识朦胧觉醒时，就把依恋父母的感情转移到大于自己的某些成年异性身上。这种牛犊恋母的感情，很多人都有过，只是有的体验深刻，有的浅显，或是有的有过切身体验，但却不向人说起。

到了青春期，女孩有了成人感的心理倾向，她们欣赏成熟、理智、宽容、豁达、有成就的成人品质，当发现和自己交往的成人中出现了有这些品质的人时，就很容易被他们所吸引。一般来说，随着时间的推移，这种迷恋会慢慢淡化、消失。这种情感往往带有不稳定性和偶然性，只是成长过程中的一段经历。

专家支招

一旦喜欢上了异性老师，首先不要自责、烦恼，因为这种情感经历很正常，只要学会调整，理智地对待就行了。

① 正确认识这份感情

这种对老师或其他成人的爱慕感情，并不是真正意义上的爱情，只是一种欣赏、迷恋。你冷静地想想，真正喜欢老师什么？如果只是表面的风度、仪表等，那么你对他的感情还是一种肤浅的感情，这种感情很不稳定，也很快会消失。如果你真正喜欢的是他内在的涵养和处世态度等，那么你也可以佯装什么也没有发生继续和他交往。

在这种交往中，你慢慢就会领悟到师生间的友谊，也会使你的个性在老师潜移默化的影响下得到优化。

② 卸下心理负担

如果你向老师表露了你的心迹，可是对方却没有反应。其实，老师已经答复你了，他的沉默和假装什么都没发生正是暗示着这种感情是不现实的，以他的成熟和涵养是不会计较你天真的举动的。因此，不要认为老师会对你印象不好，青春期每个人都会产生一些懵懂莽撞的情愫，他会理解的。

③ 调整学习目标

为了转移自己的注意力，可以把目前的学习目标定得更高一点儿。让自己把精力投入学习中去，在领略到学习成功的喜悦后，你对老师的这种迷恋情感就会逐渐淡化，从而保持那份纯洁无瑕的师生友情。

④ 除去“光环效应”

即使你知道自己为什么喜欢他，也不能受“光环效应”的影响，把老师看得完美无缺。金无足赤，人无完人，老师也只是一个普通人，在欣赏他优点的同时，也要看到他的缺点。

小贴士

善待师生情谊，勿让“错爱”成悲剧

青春期女孩对成熟异性产生好感，甚至产生心理上的依赖感，影响因素有很多，比如，对父爱亲情的渴望、对理想爱情的幻想、对某种情感的过分夸大等，如果处理不好，很容易让自己的情感偏离正轨。其实，这种感觉是单向的。大部分老师都有自己的职业操守，更有自己成熟理性的选择与追求。女孩如果对这段感觉有太多期求，只会让自己的心更失落，甚至受到伤害。

扰人的性幻想

如何面对性幻想

青春期来了，我却出现了“性幻想”。不是幻想和喜欢的男生亲吻，就是和班上的某位男生躺在床上。有好几次，还是和陌生男子……怎么会这样？我是不是变坏了？我该怎么办呢？

女孩的心思

① 我是不是太淫荡了

文敏：最近一段时间，只要一躺到床上，都会想起同桌！总是想象着两人手牵手，两人肩并肩，甚至还想象着两人在接吻。多可恶！我怎么会有这样的念头，是不是太淫荡了！真是太丢人了！

② 糟糕，我竟然……

霞月：刚刚躺在床上休息的时候，我竟然幻想着和一个陌生男子一丝不挂地躺在床上，任由对方亲吻，而且还那个了……想起来真是后怕。怎么会出现这样的想法呢？是不是很龌龊？如何不让自己想呢？

③ 真是不敢想象

婉静：在我们小区门口，有一个书摊，上面摆放着各种杂志和报纸。在好奇心的驱使下，我买了一本封面有个穿着裸露女人的杂志。可是，在书房里偷看的时候，居然幻想着自己就是上面的人，天啊！怎么会这样，真是不敢想象！

科学解析

处于青春期的女孩，都会产生一种对异性强烈的爱慕，可是又不能与爱慕的异性发生性行为。这样就经常会把曾经在电影、电视、杂志中看到的情爱镜头和片段重新组合，虚构出与爱慕的异性在一起的情境，性幻想也就产生了。青春期，女孩幻想是一种正常的心理现象，只不过有些女孩比较爱面子，不敢讲。

适当的性幻想是可以理解的，它是青春期心理需求的合理宣泄，没有什么副作用和负效应。可是，如果整天沉湎于性幻想，想入非非，则会令人神思恍惚，不仅影响学习和生活，还会对身体健康造成危害。

专家支招

作为青春年华、朝气蓬勃的女孩，要学习一些性知识，懂得性道德、性文明，做到自重。女孩要通过自己的努力，让自己安全度过青春期，正确面对性幻想。

① 认识性的科学知识

青春期女孩要知道自己的发育特点，包括性心理发育的特点，要知道自己对性的好奇是生理上、心理上的正常现象，要把握好自己，不要对自己的性幻想觉得羞耻，不要因为性好奇而感到内疚或恐惧，不要让自己背上包袱，同时要理智地控制自己的行为。

② 建立正确的生活方式和态度

事实证明，丰富多彩的活动，充实的生活，可以淡化和转移人的性幻想。

要多参加一些集体活动，在活动中自然地、坦率地、友好地与男同学进行正常交往，满足对异性交往的心理需要。

要发展一些业余兴趣爱好，积极参加有益身心发展的文艺、科技、体育等活动，把青春旺盛的精力集中在努力学习、发展兴趣特长、追求进步上。

要看健康的书刊、影视和网络内容，不要看富有性挑逗的作品。

③ 不断调适自己的性心理

这里有三种简单实用的方法：

1.自我暗示法。当性幻想出现时，可以用暗示法，对自己暗暗地说：“处于青春期的我，有这样的想法很正常，下面我要认真地看书。”

2.情境变换法。情境对人的情绪起着重要的影响和制约作用，有时改变一下情境就能调节自己的情绪。如果在做作业时走神而产生性幻想，可以变换一下情境，比如，和同学聊会儿天，出去看看风景等。

3.想象放松法。在一个安静的环境中以最舒服的姿势坐着或躺着，闭上眼睛。想象自己正处于一个最喜欢的情境中，自己感觉舒畅平和，非常的放松。

小贴士

“性幻想”要有度

“性幻想”是正常心理活动的一个组成部分，适度的“性幻想”可以缓解青春期女孩的性欲望与现实之间的矛盾。但是，它也同世上万事万物一样物极必反。长期无休止地沉溺于性幻想，会影响学习和与他人的正常交往；如果长期“性幻想”，会在大脑脑皮质相应区域形成惰性兴奋灶，很容易出现精神活动的异常，因此，“性幻想”要有度。

在梦里，我居然和喜欢的男生“那个”了

性梦，不罪恶

青春期，我失眠了！青春期是一个暴风骤雨的时期，突如其来的变化让我们措手不及。“性梦”是青春期有必要探讨的一个问题，可是，由于我们文化、背景的原因，我们并没有给“性梦”一个开放的舞台，因此很多女生并不能清楚地了解“性梦”，使“性梦”成为了一个困扰很多青春期女孩的问题，也成为了一个大家都不能说的秘密。

女孩的心思

① 哎！真恶心！

蓉蓉：昨天晚上，我做了一个梦。梦中，我竟然和当地的小混混苟且在一起了，而且还是一丝不挂……醒来后，吓得我出了一身冷汗。怎么会这样？

② 我的丑恶灵魂真可怕

天心：今天，我居然做了一个性梦。梦境中，我和喜欢的男生做爱了。上课的时候，我总是想着梦中的情景。这样，是不是太脏了？可是，越压抑自己，那个场景越会变本加厉地在头脑里兴风作浪。真是担心，如果被父母、老师、同学看出了自己的“丑恶灵魂”，该多可怕！

③ 梦里，父亲怎么出现了

婉秀：早上起来之后，我不敢看父亲，因为昨天晚上我居然做了一梦。梦中，父亲竟然成了我的男友，还亲吻了我……真是太荒谬了！怎么能够把父亲当成是性梦的主角呢？多不道德啊！

科学解析

医学研究表明，性梦并不是空中楼阁，而是建立在扎扎实实的身心发育基础之上的。出生之后，人体全身的各个系统都在加速发育，唯独性系统一直处于“睡眠”状态。一旦进入青春期，性器官（卵巢）就会迅速趋于成熟。

性器官的成熟不仅表现在体积的增大，更重要的是功能的完善。其功能之一就是产生并释放出性激素——卵巢激素。同时，青春期女孩的心理也发生改变，表现在对异性的向往上。

由于受日常生活中的性信息的影响，比如，影视镜头中的性暗示、书刊上的色情故事、裸露较多的女孩画片、父母之间的亲昵动作等，女孩看在眼里绝对不可能无动于衷。由于自我控制，平时将它们埋藏在了心底。可是熟睡之后，大脑的控制暂时消失，性的本能和欲望就自然地流露出来了。

专家支招

性梦是性发育到一定程度的一种本能表露，属于生理性表现，性梦发生在青春期不足为怪。

① 要全面、客观地看待青春期性梦

性梦的出现是青春期性成熟的正常心理表现，不仅可以缓和累积的性张力，还有利于性器官功能的逐渐完善。但是，这毕竟是梦，不能当真，也不能沉湎其中，更不可“移植”到现实中来。否则，不仅会危害健康，甚至可能干出犯罪的事情来。总之，对于这种现象，既不要竭力去制止，也不要刻意去追求，顺其自然就好。

② 性梦如果过于频繁，要具体问题具体对待

如果性梦过于频繁，则要循因处置。引起性梦的原因有很多，比如：手淫、内裤过紧摩擦阴部、泌尿系统发炎等。此外，白天强烈的性意识活动也容易在梦中再现。因此，女孩要将自己的精力集中到学业上，正确对待性这个问题，避免影视、录像乃至生

活中的性挑逗。同时，要积极参加适度的体育活动，使性能量得以合理转移与宣泄，减少性梦的发生频率。

我亲吻了喜欢的男生，会怀孕吗

怀 孕 知 识 知 多 少

青春期，我有了喜欢的男生，而且今天还亲吻了他。当时是挺兴奋的，可是，事情过去之后，却有点儿担心。我会不会怀孕呀？怀孕了怎么办？肚子大起来了，怎么办？流产了怎么办？亲吻了异性，真的就能怀孕吗？

女孩的♥心思

① 亲吻了他，会怀孕吗

如云：今天，我向班长表白了，而且还亲吻了他的嘴唇。当我踮起脚尖，将自己的嘴唇压上去的时候，又是紧张，又是惊喜。可是，事情过去之后，我却担心起来，这样做，会不会怀孕？过几天肚子大了怎么办？

② 我的肚子大了吗

恬美：这几天，我觉得自己的肚子一天天大起来，似乎里面还有了胎动。我害怕极了，生怕一不小心从里面蹦出一个小生命来。我将自己的担心告诉了妈妈，妈妈问我是怎么回事。我说，我喜欢上了班里的一个男生，一个月前亲吻了他，现在感觉肚子一点点大了起来，是不是怀孕了？妈妈听完我的讲述，告诉我，我没有怀孕，并且几天后还给我买了一本关于青春期的书让我看。读了上面的内容，我才知道，自己真是太幼稚了！

③ 电视中的内容真实可信吗

诗兰：这几天，我在看一部韩国电视剧。第八集，男主角终于向女主角表白了，他们亲吻了对方，很甜蜜，然后便开始了约会。可是，演到第十集的时候，女主角突然怀孕了……亲吻就能让对方怀孕吗？奇怪了！如果这是真的，那我现在是不是也怀孕了，因为半个月前，我也亲吻了一位自己喜欢的男生。电视中的内容真实可信吗？

科学解析

在社会生活中，亲吻是一种常见的表达爱意的方式，可表达亲情与爱情。而怀孕的基本条件是有正常的精子和正常的卵子结合，并能够在子宫上固定（着床）。换句话说，就是要有正常的性交行为，而此时前后几天女方也要有卵子分泌，子宫内的环境适合，这才有怀孕的可能，所以说怀孕和亲吻没有直接的关系。

专家支招

如何证明自己怀孕了呢？青春期女孩有些怀孕知识要了解：

① 怀孕的征兆

首先，月经停止。刚来初潮的女孩，月经不太规律，但如果月经已经规律了，到了该来的日子却没有来，而且和异性有过性接触，就应该警惕啦！

其次，乳房在短时间内变大，稍晚一点儿会出现尿频、体温升高的现象。1～3个月后，会出现恶心、呕吐、腻油等症状。

② 检验方法

如果有所怀疑，也不要害怕，可以先自己测试一下。到正规药店购买早孕试纸，这是一种通过尿样检查来检测是否怀孕的方式。试纸的准确率比较高，但也不是万无一失，所以还需要进一步到医院检测。到医院检查也是尿样检测和B超检查，不会对女孩造成任何伤害。

小贴士

不要以爱的名义拥抱接吻

一般来说，拥抱接吻的举动是出现在恋人之间的。青春期，女孩的身心还没有发育成熟，并不懂得爱是什么，对异性的倾心通常都只停留在感性的层面，往往是由于对方的某一点吸引了自己，并不是真正的爱。仔细想想，中学阶段，那些开始恋爱的男孩女孩，有几对最终结成夫妻的?有些男孩，今天和这个“好”，明天和那个“好”，这并不是爱，最多只是对成人的模仿，是一种游戏。这样的游戏，需要遵守一定的游戏规则，否则后果无法预料。

有性冲动，真丢人

性 欲 ， 不 是 难 以 启 齿 的 过 错

青春期来了，我成熟了。本来就想象力很丰富，总是容易性幻想，特别是晚上睡觉的时候，控制不住就会自己抚摸自己，还想发出声音；在不知不觉中沉迷于色情影片；有时上课的时候，满脑子都是男女欢爱方面的事情……我心里明白这样下去是不可以的，但脑子里的这些念头又挥之不去，我该怎么办呢？

女孩的心思

① 我怎么老想摸自己

婉仪：这几天晚上躺到床上的时候，我都会情不自禁地用手抚摸自己的身子。刚开始的时候，是隔着睡衣，后来索性将衣服全脱了，光溜溜的，任由自己的两只手在上面

游走。这种感觉似乎很舒服，手指碰触到敏感的部位甚至还会引起一阵微微的快感。这是怎么回事？怎么会出现这样的举动呢？我可是一个女生呀！

② 我是不是变坏了

霞月：前几天，我在网上偷看了电影《色戒》，因为据说这是一部禁片。同学们都去看，我也就跟着去了。可是，接连两三天，我突然发现自己上课的时候老是在想电影中男女主角做爱的场景。怎么会这样，我可是一个很传统的女孩！我是不是变坏了？

科学解析

女孩步入青春发育期，身体必定会伴随着一系列特有的性变化，这就意味着女孩体内的分泌系列开始成熟，雌性激素开始产生，这是女孩正常的生理现象。紧接着，女孩的身体会日趋发育成熟，性意识也开始在心中渐渐萌发。

在这个阶段，很多女孩感情会泛起混乱：她们既想夸耀自己的身体魅力，又不想惹人注目；她们希望得到异性的喜欢和追求，又害怕太受欢迎。

青春期女孩身心正处在发育阶段，按捺与兴奋使大脑很不平静，非常容易感情冲动，缺乏自制力，在性爱特征上往往表现出显著的“性冲动”。这是青春期女孩性爱萌动的反应，因此女孩不必为此烦恼不安，更不必产生过错感、羞耻感或者堕落感。

专家支招

人与其他动物的区别就在于，人类的性行为受到理智的控制和意识的支配，青春期女孩应该充分认识到这一点。那么，应该怎样克服性冲动呢？

① 培养健康的性意识

正确认识青春期出现的各种生理变化，比如，来月经、乳房发育和性幻想等。要培养健康的性意识和性道德，自觉抵制淫秽、低级、下流的不良刺激，平时不要阅读淫秽书刊、画报，更不要好奇地效仿某些影视片中男女做爱的动作。

② 男女之间交往要自然、坦率和友好

要多参与集体活动，最好不要去舞厅。避免频繁地个别接触，在与异性接触中，要保持头脑的冷静，用理智克制自己的感情，既要珍惜情感，更要珍惜女孩的纯洁。

③ 生活要有规律

上床后不要胡思乱想，要尽快入睡，早晨不要睡懒觉，不要酗酒，要保持外生殖器官的清洁，不穿紧身裤，避免摩擦刺激。

④ 谨慎交友

在交朋友时，要认真选择，不要与那些作风不正、品德不端的人交往。

小贴士

避免“触电”，是不是就不能与男同学交往呢

当然不是。少男少女分隔越严、越疏远，对于性的问题就会感到越神秘、越紧张、越敏感。与异性缺乏正常交往的女孩，一旦接触异性，反而容易对性过于敏感，甚至胡思乱想起来。如果你心中已经对异性产生歧视、恐惧和神秘感，更要注意与男同学正常的交往。只要自己思想纯正，态度自然，是不会让对方感到疑虑和不安的。

我和男友偷吃了禁果

过早开始性生活危害大

我为了显示对男朋友的爱，和他偷吃了禁果！感觉挺不错的，我知道他是爱我的，所以决定只要他想要，我就迎合他。可是，后来我才发现，过早性生活，危害很多。我

该怎么办？如果某一天他不再爱我了，我该怎么办？

女孩的心思

① 我真的很害怕，怎么办

婉慧：上中学之后，我和一位男同学恋爱了。我们两人都很爱对方，每次在一起时，都非常开心。昨天是星期天，我到他家里写作业。写完作业之后，我们又亲热起来。由于他的父母都不在家，我们两人最后竟然情不自禁地发生了关系。事情过去之后，我感到很后怕！我该怎么办啊？

② 同学们看我的眼神都变了，怎么办

问筠：自从我和男友偷吃了禁果，我们两人的关系似乎更加密切了。同学们经常会开我们两人的玩笑，可是对于我们俩之间发生的那件事我们是不会告诉别人的。可是，有些无聊的男生非要搞恶作剧，结果，我们两人的事情终于败露了。从那以后，同学们看我的眼神都变了，怎么办？

③ 恼人的第一次，让人抬不起头来

霞雰：那天，我们约了几个要好的同学去爬山。走到半路上，几个男同学竟然喝起啤酒来。或许是啤酒喝多了，他一个人坐在一棵大树下，其他同学都到不远处的小河边玩水去了。我陪在他身边，很快，他便将我揽入了怀里。半推半就之间，我们就这样发生了性关系。当同学们出现在我们眼前的时候，我才发现了事情的严重性。从那以后，我就抬不起头来了，生怕父母发现这件事。

科学解析

青春期是一个多变的季节，少男女孩的种种想法往往是成人难以理解的。在这一时期，幻想与困惑、理智与激情同时存在，心态的变化、外界的刺激、各种各样美好的理想，以及对知识的渴求交织在一起，因此很多女孩会偷偷地品尝“禁果”。

由于未成年人双方都没有能力承担“禁果”的后果，有些女孩在意外怀孕后，才知道问题的严重性，后悔发生这样的行为。有些女孩碍于世俗的眼光，怀孕后不敢告诉老师、家长，多是同学或朋友陪同悄悄私自堕胎。可是，要知道，意外怀孕后进行的人工流产，可能会造成子宫疾病和感染，还可能影响今后的怀孕、生育，甚至可能会丢掉性命。

专家支招

“禁果”虽然充满了诱惑，但是它的颜色是青的，滋味是涩的，会带给我们很多的痛苦。因此，一定要对偷吃“禁果”的危害多一些认识。

① 严重影响身体健康

青春期的女孩，身体的各部分还没有发育成熟，过早地品尝“禁果”，会对以后的婚姻生活造成很大的伤害，特别是对女孩来说，伤害会更大。

女孩在18岁以前，虽然已经具备了生育的能力，可是子宫还没有完全发育成熟，这时如果发生性接触，导致怀孕，会对发育期的女孩带来巨大的危害。过早的流产、早产，也容易引发子宫内膜炎、输卵管炎、盆腔炎、宫外孕等疾病，还可能留下诸如难产、习惯性流产、不孕等后遗症。

② 严重影响心理健康

偷吃“禁果”对青春期女孩造成的心理影响也不容忽视。偷吃“禁果”的女孩，往往害怕被父母、老师知道，背负着沉重的心理负担，心理压力过大，久而久之会产生一系列的精神症状；有些女孩就此“破罐子破摔”，糟蹋自己，由此走上违法犯罪的道路。

③ 影响学习和生活

青春期，正是女孩学习和积累知识为自己创造辉煌未来打基础的黄金时代，如果有性生活必然会影响学习的精力，对本人、家庭和社会都不利。青春期女孩应珍惜自己的青春与身体，把注意力和兴趣投入到学习、工作中去。

小贴士

对意外怀孕做好心理准备

意外怀孕，是一种生理现象，只是发生的时间不合适罢了。首先，心情要平静。不要一个人躲起来伤心难过。要向最信任的人寻求帮助。建议找妈妈，虽然这件事会让她难过，但妈妈是最可靠的朋友。其次，要勇敢。不管怎样，这件事都发生了，它只是你人生路上一个小小的挫折，更应该勇敢积极地面对。如果是自己的错，就要积极承担。何况，知错就改，还是一个好女孩。

第四章

保健

要早一天做起

到了青春期，为了让自己的身体更加健康，女孩要做好自我保健。比如，不要随便使用化妆品，没事的话可以按摩一下乳房，佩戴合适的文胸，及时进行乳房自检，不要穿高跟鞋，不要偷吃避孕药等。保健，要早一天做起！

- 加强皮肤锻炼，保持皮肤清洁。
- 胸罩最好选择全棉质地的，适合自己的才是最好的。
- 日常要注意个人的卫生保健，要注意生活用具的清洁卫生。
- 备好自己专用清洗用具、毛巾，运用正确的方法清洗外阴。
- 月经期间，不宜多吃盐，不宜饮浓茶。

没事的话，就按摩下乳房

呵护乳房从按摩做起

青春期来了，乳房发育了。为了促进乳房的发育，妈妈提醒我可以适当地做做按摩，以促进血液循环。多难为情啊！被同学发现了，他们肯定会笑话我的。呵护乳房，真的要从按摩开始吗？

女孩的心思

① 被人发现了，羞羞羞！

雯枝：我是个15岁的女孩，不知从什么时候起，竟然喜欢上了按摩乳房。我经常在镜子面前左顾右盼，按按摸摸，觉得自己长得真美，越看越得意。可是，妈妈为此几次训斥我，她说："总摸那里干吗？一天到晚只知道干这个，没出息！"我按摩乳房难道不对吗？想要更健康地发育就不可以吗？

② 洗澡的时候，是个好时机

香檀：每次洗澡的时候，我都会按摩一下胸部。后来，我发现班上的女同学绝大多数都是这样。通过和大家交流能看出来，洗澡确实是一个做按摩的好时机！

③ 多按摩，胸部就能变大吗

水妍：听说，经常按摩胸部有利于发育。于是，我也想试一试。每天晚上睡觉的时候，我都会躺在床上按摩按摩；写作业的时候写累了，也会隔着衣服按摩几下。这种方法真的管用吗？多做按摩，胸部就一定能够变大吗？

科学解析

乳房按摩，对于每一位女孩来说都是非常有好处的，通过乳房按摩不仅能够促进乳房发育，而且还能够预防乳房疾病的发生。

按摩胸部，能够加强乳房部位的血液循环，有效提高代谢的能力，并使乳房丰满，充满弹性。按摩能够使交感神经与副交感神经系统活跃，促进乳腺的发育，使得乳房坚挺丰满，塑造优美的曲线。按摩胸部还可以促使脑下垂体与卵巢分泌激素的能力加强，促进血液循环，使胸部组织发育得更好。

对于青春期女孩来说，在进行乳房按摩时一定要掌握正确的方法，毕竟青春期是乳房发育期，如果按摩不当会影响发育。

专家支招

青春期女孩如何按摩乳房呢？青春期女孩可以学一套乳房按摩操，以帮助调畅气血、通络散结、美形保健，而且按摩操还非常有利于乳房健康。

① 抹推

左手托左乳，右手的四指从乳房外上、外下缘向乳头方向抹推3遍；右手托左乳，左手的四指从乳房内上、内下缘向乳头方向推抹3遍。右手托右乳，左手的四指从乳房外上、外下缘向乳头方向推抹3遍。左手托右乳，右手四指从乳房内上、内下缘向乳头方向抹推3遍。

② 摩搓

四指并拢，拇指自然张开，将手掌贴近皮肤，以乳头为中心顺时针抚摩乳房10圈。双手交错，用手掌搓肋肋10下。

③ 揉拿

拇指和食指揉拿对侧乳房，方向由乳房内侧至腋窝处。

④ 指击

四指指尖轻击对侧乳房，以乳晕为中心，环状叩击5遍。

⑤ **指按**

中指点按膻中、期门、乳根、足三里、太冲穴10秒。

⑥ **托颤**

双手托住乳房，抖颤乳房30下。

小贴士

掌握乳房按摩的好时机

一般来说，生理期来的第11～13天是进行乳房按摩的最好时期，第18～24天为次佳的时期。这段时间，激素分泌非常旺盛，如果能够加强按摩，可以有效刺激胸部组织，使胸部更为丰满。因此，每个月可以充分把握这10天，多进行胸部的按摩运动。

洗澡时也是按摩的好时机。在洗完澡后，身体微热，全身血液循环良好，可以进行胸部按摩。

妈妈给我买了个文胸

怎么选择合适的文胸

看到有些女同学戴文胸，我也给自己买了一个。可是，妈妈发现之后，却说这样的文胸不适合我，给我重新买了一个。文胸还有讲究吗？随便买一个不就行了？青春期的我们，要如何选择合适的文胸呢？

女孩的心思

① 什么时间戴胸罩合适

菁儿：升入中学之后，我的胸部开始发育了。看到其他同学戴胸罩挺好看的，我也想让妈妈给我买一个。可是，妈妈却说我的“咪咪”还不大，不适合戴胸罩。“咪咪”长到多大的时候，需要戴胸罩呢？过早地佩戴胸罩，真的会影响乳腺的正常发育和日后的功能吗？

② 晚上睡觉的时候，要将胸罩摘掉吗

巧融：12岁生日的这一天，妈妈送给我两个款式新颖的胸罩，我别提多高兴了，因为我早就希望戴上它了。就连晚上睡觉的时候，我都不把胸罩摘下来。妈妈知道这个情况后，要我在晚上的时候把胸罩摘掉。原来，晚上睡觉时戴着胸罩会影响睡眠，造成呼吸困难，影响血液流通……真是这样吗？

③ 胸罩小一点儿、紧一点儿不好吗

颖琪：每次买胸罩的时候，我都会选一些稍微小一点儿的胸罩，这是因为这样穿起来感觉会紧一些，可以使胸部不那么突出。可是，妈妈每次给我买的时候却不这样挑选，因为她觉得，胸罩太小、太紧会影响乳房的发育，我该怎么办？

科学解析

乳房是由乳腺、乳腺管、脂肪和结缔组织等构成的。由于乳房内部没有骨骼和肌肉支撑，缺乏有力的支托，站着和坐着时，乳房都会因本身的重量作用而下垂，时间长了，会影响乳房的血液循环和发育，造成乳房松弛，导致乳腺管弯曲变形。剧烈运动时，乳房也会随之发生较大幅度的震动，使人感到不舒服，严重的还可能导致因血液循环障碍而诱发乳房疾病。

由此可见，健美的乳房需要特殊的保护，及时佩戴胸罩则是理想而简便的方法。因此，女孩要适时佩戴胸罩。事实证明，戴胸罩对女孩有许多好处：能够保持乳房清洁，

支持和衬托乳房，使其血液循环通畅，有助于乳房的发育；可以减少行走、运动和劳动时乳房的摆动，防止乳房松弛下垂；能促进乳房内脂肪的积聚，使乳房更丰满，还可以弥补乳房过小等生理缺陷。

专家支招

青春期女孩要想使自己的胸部丰满，曲线优美，需要佩戴合适的胸罩，避免束胸。那么，如何来选择适合自己的胸罩呢？

① 胸罩的选购

选择胸罩的时候，要按照自己的体形及乳房大小、乳房类型、乳沟间距、胸围大小，以恰好罩住乳房为宜，选择的胸罩要可以向内、向上、集中、隆起等增强美感，从而完善乳房外形，并展示人体的曲线美。

② 胸罩的质地

胸罩质地最好是全棉的，不宜使用化纤制品。因为化纤的短纤维容易堵塞乳头上的小孔，日后会造成乳汁流出不畅。而且有些女孩对化纤过敏，就更不能选用化纤的胸罩了。

③ 适合自己的才是最好的

合适的胸罩戴上后，没有勒的感觉，呼吸不受限制，不会妨碍身体的活动。是否合适，女孩可以自行检查，把一侧肩带放下，如果胸罩会脱落，说明不合体。因此，选择胸罩舒适是第一重要的，然后再去考虑外形和色彩的配合等。

④ 胸罩要勤换勤洗，保持清洁

佩戴胸罩之后，要勤洗勤换，保持卫生。从而为乳房提供一个卫生的环境。

小贴士

青春期女孩戴胸罩瞄准“16”

事实证明，过早戴胸罩不仅对正处于发育隆起的乳房不利，还会影响今后的乳汁分泌。如果乳房充分发育后不戴胸罩，也对乳房发育不利。女孩到底何时应该戴胸罩？一般来说，女孩长到16岁，乳房的发育已经接近成熟，可以戴胸罩。还可以用软尺从乳房的上底部经过乳头到乳房的下底部测量，如果上下距离大于16厘米就应戴胸罩；如果年龄小于16岁且乳房上下距离小于16厘米，则不宜戴胸罩。

青春期女生会得阴道炎吗

如 何 预 防 阴 道 炎

怎么搞的？最近一周，会阴部总是有一种灼烧感，而且分泌物也增多了不少，甚至还出现了一些呈脓性样的分泌物。参考网络上的知识，我猜测自己可能得了阴道炎。怎么会得阴道炎呢？该如何预防阴道炎呢？

女孩的心思

① 尿尿的时候，为什么会痛呢

樱琪：最近几天，每次小便的时候，下面都会很痛，这是什么原因啊？而且次数也比原来增多了，每个小时就要上趟厕所，可是，每次都只尿出一点儿。这是什么原因呢？为什么会痛呢？我该怎么办啊？

② 不是只有发生过性关系的人才会得这种病吗

嘉诺：最近几天，下体的阴道和大小阴唇经常会痒痒。我到医院去做了检查，医生说得了阴道炎。我还是一个女孩，怎么会得阴道炎？不是说只有发生过性关系的人才会得这种病吗？我得了这种病，是不是就说明，我是一个不干净的女孩啊？

③ 每天都清洗外阴，但依然痒痒，如何解决

晶落：从小到大，每天晚上在睡觉之前，我都要清洗外阴。可是，最近一段时间却出现了瘙痒的情况。怎么回事？我没有不讲卫生啊？难道是得了什么病……我感到很紧张，真不知道该怎么办了？马上就要中考了，我不想因这件事影响了自己，我该怎么办？

科学解析

阴道在正常情况下，有两道自然屏障：外有大小阴唇半闭，内有分泌物含阴道杆菌，使阴道呈酸性环境，可以有效防止致病微生物的进犯。这两道自然屏障使阴道自洁无恙。如果平时注意会阴卫生和月经卫生，确保自洁和外洁作用，可以有效预防阴道炎症。

但是，阴道所处的解剖位置对阴道自洁十分不利，它内通子宫颈，外连会阴，又与尿道和肛门相毗邻。所以，如果青春期女孩忽略了阴道和周围器官的清洁卫生，就很轻易诱发形形色色的各种阴道炎，比如，初潮期阴道炎等。某些女孩首次来月经时，不懂得经期卫生，致使病菌趁机孳生和进犯，引起阴道炎。这种阴道炎的主要症状表现是，会阴部有下坠及灼烧感、阴道分泌物增多，甚至呈脓性薄稠样分泌。由于阴道分泌物外溢，刺激尿道口，会出现尿频、尿痛等症状。

专家支招

青春期女孩该怎么预防阴道炎呢？有这样几点是需要注意的：

① 了解相关的生理知识

有些女孩在青春期患病，很大一部分原因是由于不了解相关的生理知识，日常没有

做好防护措施导致的，这个需要引起重视。要对相关的知识多一些了解，可以买些相关的书来看看。

② 日常要注意个人的卫生保健

处于青春期的女孩要注意做好个人的卫生保健工作，勤换内裤，注意外阴的清洁，不要用热水或肥皂去烫洗外阴。当你能够做好这些方面的时候，也就减少了患阴道炎的机会。

③ 注意生活用具的清洁卫生

要注意个人生活用具的卫生，比如，游泳时，不要租借游泳衣等，生活用品要单独用自己的，不要与他人共用，以免造成感染。

④ 要注意月经期间的保健

在月经期间，女孩要选用干净的卫生巾，日常宜穿柔软、吸水性强的棉布内裤，不要穿尼龙化纤类的内裤，并注意要勤洗勤换。

⑤ 清洁坐便器

如果家中或者在外上洗手间用的是坐便器，一定要注意在使用前做好清洁，或垫用卫生纸。

小贴士

养成良好洗浴习惯，预防过敏性阴道炎

有些女孩洗浴后也常在外阴部扑些香粉，洒点香水，特别是夏天更喜欢这样做。须知，香粉、香水所含的化学成分对外阴和阴道黏膜刺激性很大，更容易引起过敏反应而发生阴道炎、外阴炎。有的女孩在沐浴时，会使用泡浴香波和沐浴油，这些化学物质也容易引起过敏性阴道炎。

自己检查，多不好意思

自查身体有方法

前几天，闺密告诉我，为了保证身体的健康，可以自己检查。多不好意思啊！可是，为了减少麻烦，还是决定找个没人注意的时候自己检查一下。该如何检查呢？我困惑了！

女孩的心思

① 看看乳房有没有硬块

真唯：前段时间，我看到一则新闻：这几年患乳腺增生的女性有所增加，很多处于青春期的女孩也患上了乳腺增生，所以女性要不定期进行自我检查。我意识到了问题的严重性，可是，该怎么检查乳房呢？没有硬块就说明是正常的吗？都有哪些检查的方法呢？

② 如何检查我的私密部位

清月：我知道，阴部是女孩的私密处，是女孩最应呵护的地方。阴道，尤其是处女膜破裂后，很容易被病菌感染，所以，爱护自己就要学会从阴部的保健开始。可是，阴道处于身体的下部，该如何检查呢？

③ 自己检查，多不好意思

心莹：生理课上，老师告诉我们，每个月都要定期进行一下自我检查。听了老师的话，我们一个个都低下了头，都是十二三岁的女孩，当然感到不好意思了。自我检查，多不好意思啊？关键是如何检查啊？

科学解析

资料显示，患乳腺癌的女孩有上升的趋势。由于乳腺癌能快速地扩散至身体其他部位，所以要尽早发现，及时治疗。可是，女孩大部分生殖器官都是内藏的，除非我们努力寻找解决办法，否则要通过眼睛去察视其变化，几乎是没有可能的事情。然而，我们能够做到的是检查自己的乳房和外生殖器官。

专家支招

如何进行自检呢？

① 怎样去检查自己的乳房

16岁以上的女孩每月一次乳房自我检查：

第一步：看——镜前检查。

首先，要站在镜前，裸露上身，双臂垂于两侧，观察自己乳房的外形。接着，将双臂举过头顶，转动身体，察看乳房的形态是否有变化。然后，双手叉腰向右、向左慢慢旋转身体，察看乳头及乳房是否有凹陷、红肿或皮肤损害。最后，将双手掌撑在臀部，并使劲向下压，同时转动身体，使乳房的轮廓显得清晰。注意观察乳房的形态有无异常变化，如果发现异常变化，就要提高警惕，及时就医。

第二步：摸——立位或坐位检查。

首先，将左手举起放在头后，再用右手检查左侧乳房。检查的正确手法：三个手指并拢，从乳房上方12点（将乳房比作一个时钟）开始，用手指指腹按顺时针方向紧贴皮肤做循环按摩检查，每检查完一圈回到12点，下移2厘米做第二圈、第三圈检查，要检查整个乳房直至乳头，检查时手指不能脱离皮肤，用力要均匀，掌握力度以手指能触压到肋骨为宜。检查完左侧乳房后，将右手举起放在头后，用左手检查右侧乳房，检查方法同上。

第三步：拧。

在检查完整个乳房后，用食指、中指和拇指轻轻地提起乳头并挤压一下，仔细查看有无分泌物。如果发现有分泌物，则应去医院做进一步检查。

② 自查外阴

女孩自查外阴的方法，概括起来有三个字——“望、闻、触”。

所谓“望”，就是用一面小镜子放在外阴的下面，前后左右移动镜子照视，借助镜子的帮助，观察自己的外阴部。另外，观察阴道分泌物，比如，白带和经血的颜色、清浊、稀稠，从中发现蛛丝马迹。

“闻”，是用鼻子嗅一下分泌物、经血或外阴部散发出的气味。一般正常的气味是清淡的腥味、汗酸味或无味。如果出现了腥臭味、腐臭味或特殊的气味，就提示可能出现了问题。

“触”的时候，先把手洗干净，用食指和中指两个指头的“指腹”，从“阴阜”部位开始，从上而下，顺序按触外阴，直至肛门。正常触摸外阴的时候，感觉应是光滑、柔软的。不用力去按，不会感到疼痛。正常的情况下也不会摸到有小的结节或肿块。反之，则可能有异常情况。

小贴士

乳房的自我检查（每月做一次）

青春期女孩要养成良好的自查习惯，熟悉自己乳房的正常形态及触摸时的感觉，一旦有异常就要引起警觉。检查的最佳时机是月经结束后，这时乳房较软且没有肿胀感，有利于获得敏感的触觉。在洗浴时自检最好：皮肤被皂液湿润后，有助于手指在乳房表面平滑移动。

偷偷吃颗避孕药

避孕药，不能随便吃

听说，避孕药可以有效避孕。真的是这样吗？避孕药是什么味道？吃了会怎样？尝试着吃了一颗，没想到月经却推迟了。看来，避孕药真是对身体有危害，不能随便吃！

为了能上好体育课，一些女生会吃些药，据说可以调整经期。果然，吃了药之后，体育课确实能够万无一失了，可是有些女生却出现了月经推迟的问题。经期可以随便调控吗？那些调控经期的药真就那么保险吗？

女孩的心思

① 一粒小小的药丸，让我浑身不自在

妙梦：当我对医生说，自己吃了避孕药的时候，医生问我："你有男朋友吗？"我说："有。"他又问："你们已经发生性关系了吗？"听到这里，我简直是如坐针毡，回答说："没有。"当医生了解了我的试一试的心态时，说："避孕药怎么能随便吃？你们这些女孩啊！"

② 那个家伙，老在引诱我

雪曼：每次，放学回来的路上，我都想到成人用品店转一下，为什么，因为那里的墙上贴着这样一个广告——避孕药，神奇避孕！什么避孕药啊，这样神奇。有好几次，我都有了购买的冲动，可是，我还是一个中学生，被妈妈发现了怎么办？可是，那个家伙似乎老在引诱我。

③ 调经期的药能不能吃呢

安白：为了上好体育课，或者遇到比较重要的活动，我都会吃些调理月经的药。虽然，这样确实能够让自己的月经周期向后推几天，可是，总是感觉身上有点儿不舒服。这样的药能不能经常吃呢？尤其是对于我们这些初中生来说，能不能吃呢？吃多少合适呢？

④ 中考时，能不能吃调经期的药呢

香桃：为了不影响中考，我打算在考试的那几天吃些调经期的药，向后推一段时间。可是，如果对身体不好怎么办？如果因为身体的原因影响了考试，不是更得不偿失吗？中考那几天，该不该吃调经期的药呢？如果有危害，为什么还有那么多女孩子在吃呢？

科学解析

在好奇心的驱使下，有些青春期的女孩会偷偷地服用避孕药。有些女孩在突发的情

况下，也会选择使用避孕药来避孕。有些女孩甚至会利用吃避孕药来祛除青春痘……可是，要知道，吃避孕药对身体是有危害的，而且吃避孕药也需要注意很多事项。

女孩正常的月经周期是由月经期、卵泡期、排卵期、黄体期四部分组成的，一般28～30天。月经来潮时，大多数女孩会有痛经表现，有的伴有头晕、面色苍白及出冷汗等症状。避孕药能够抑制排卵，从而使月经周期改变，于是有些女孩为了考期方便，擅自到药店买避孕药服用，将月经推迟，这样做对身体很不利，特别对青春期女孩的危害更大。

绝大多数的避孕药是由雌激素组成的，虽然能够调节月经来潮，但是会打乱机体的内分泌规律，容易引起内分泌失调，造成经期不规则。推迟而至的月经一般经量较多，淋漓不尽，持续时间较长，更会导致月经紊乱。

有些女孩在服用避孕药期间，曾出现过食欲减退、胃肠不适，继而发展到低血糖，并出现盗汗、眩晕、四肢无力等症状。青春期女孩的卵巢，从发育期过渡到成熟期，功能还不健全，此时如果服用避孕药，有可能会使刚刚发育的神经内分泌系统功能发生紊乱，甚至引起长期不排卵或闭经，严重时还可出现青春期无排卵型功能性子宫大出血。

专家支招

女孩吃避孕药的危害有很多：

① 影响身体机能

长期服用避孕药，会出现类早孕反应，比如，恶心、呕吐、食欲不振等，对胃肠的损害较大。除此之外，大量服用避孕药还会破坏人体的激素水平，增加乳腺癌、宫颈癌等肿瘤发生的危险。

② 影响月经

女孩的月经有一定的周期，但有些女孩因为种种原因，希望将月经推迟或提早，于是，就用吃避孕药的方法来改变月经周期，这种办法对女孩的健康是有危害的。

③ 副作用巨大

未婚女孩服用避孕药，会产生极大的副作用，比如，不孕、血栓性静脉炎等。而且，资料显示，长期服用避孕药，得乳腺癌的概率会提高5～10倍。

特别应该指出的是，青春期女孩由于生殖内分泌的调节功能不强，因而在青春期经常会出现无排卵现象，严重者还会出现青春期无排卵型功能性子宫出血，而避孕药的主要作用恰恰就是抑制排卵。因此，青春期女孩用避孕药简直就是“雪上加霜”。

小贴士

不要用避孕药战“痘”

很多女孩在青春期都会长青春痘，这是正常的生理现象，一段时间后自己就会消退。但是，有些女孩为了美貌就选用避孕药来达到目的。虽然避孕药有战“痘”的作用，但是同时对身体的伤害也是很大的，因此青春期的女孩一定不能吃这种药物。

天气真热，想洗凉水澡

来月经时，哪些事情不能做

天气真热啊，真想冲冲凉。可是，这段时间“大姨妈”来了，又不敢洗。来月经时，为什么不能洗凉水澡？有人说，对身体不好。真是这样吗？除了不能冲凉，来月经时，还有哪些事情不能做呢？

女孩的心思

① 这么热的天，能用凉水洗澡吗

凌蝶：今天，气温已经高达38℃。这么热的天，回到家里之后，我便直接冲进了洗手间，想痛痛快快地洗个凉水澡！可是，就在打开热水器的一刹那，我突然想到，自己这几天来月经了。怎么办，月经期间能用凉水洗澡吗?

② 都怪自己，太粗心了

又夏：咦！“大姨妈”怎么不见了？难道是因为洗了个凉水澡的缘故！我急忙去问自己的好友，她告诉我，月经期间是不能洗凉水澡的，就连用凉水洗手都最好避免。没想到，月经期还有这么多的避讳！都怪自己，太粗心了！

③ 凉水对“大姨妈”真有这么大的杀伤力吗

南烟：今天，课余时间，女同学又聚在一起聊“大姨妈”。当然，一般都是躲在一边秘密讨论的，男同学是坚决不能加入的。有的说，经期不能洗凉水澡；有的说，经期不能用凉水洗手；有的说，经期不能用凉水洗脚……凉水对“大姨妈”真有这么大的杀伤力吗?

科学解析

洗凉水澡的时候，因为水温过低，人体会感到寒冷，产生一系列应激反应，比如，心跳加快、血压升高、肌肉收缩、神经紧张等，不但不能消除疲劳，还容易引起感冒，应尽量避免。那些体质较差的女孩，更不能用凉水洗澡，否则本来就抵抗力较差，在凉水的刺激下更会引发感冒、发热等疾病。

在特殊的生理期，特别是在经期，女孩遇到凉水的刺激会引起内分泌失调、闭经、腹痛，而且许多细菌也会进入阴道引发阴道炎等妇科疾病，严重的还会对女孩以后怀孕、生理健康产生一定的影响。

专家支招

女孩在月经期间，很多事情是需要注意的：

① 不宜多吃盐

吃盐过多，会使体内盐分和水分贮量增多。月经来潮前夕会发生头痛、激动和易怒等症状，在来潮前10天要吃一些低盐的食物。

② 不宜饮浓茶

浓茶中，咖啡碱的含量较高，不仅会刺激神经和心血管，还容易产生痛经、经期延长和经血过多等问题。同时，浓茶中还有鞣酸，易使铁吸收出现障碍，引起缺铁性贫血。因此，月经期间，最好不要饮用浓茶。

③ 不宜坐浴

月经期间，宫颈口微开，坐浴和盆浴很容易使污水进入宫腔内，从而导致生殖器官感染。因此，最好不要使用坐浴。

④ 不宜穿紧身裤

如果月经期间穿包臀的小紧身裤，会使局部毛细血管受压，从而影响血液循环，增加会阴摩擦，很容易造成会阴充血水肿。因此，月经期间，不要穿紧身裤。

⑤ 不宜高声唱歌

月经期，呼吸道黏膜充血，声带充血，高声唱歌或大声说话，声带肌容易疲劳，严重时会出现声门不合、声音嘶哑等症状。不过也不用太过紧张，在绝大多数情况下，正常嗓音唱歌、说话都问题不大，可是如果长时间飙高音、挑战高声域歌曲，则可能会伤害到声带。

小贴士

月经期间，为何不能捶背

背部受捶打后，会导致盆腔充血，使血流加快，引起月经过多或经期过长等问题。有些女孩会在经期出现严重的腰酸背疼症状，可能选择轻柔的方式来舒缓腰部疲劳、酸胀感。其实，女孩在月经期出现腰酸现象很正常，这主要是由于盆腔充血所引起的，此时盲目大力按摩或捶打腰部，会导致盆腔充血更加严重，反而会使腰酸背疼现象加剧。

第五章

异性

怎么会喜欢上他

随着青春期的到来，女孩会渐渐喜欢上异性同学。具体表现为，喜欢让男生将自己的名字挂在嘴边，和男孩说话总是害羞，上课老想往心仪的男生的方向看，喜欢喊喜欢的男生为“老公”……为什么会出现这种情况呢？一旦遇到这些情景，要如何应对呢？

- 不要让自己失去纯洁的心，永远不要失去对人、对世界的温柔爱心。
- 和异性同学交往的时候，要淡化对对方性别的关注，要做到亲而不密、疏而不远。
- 分清友谊与早恋的界限，要善于学习异性的优点。
- 对暗恋有正确的认识，调整心态，走出暗恋，变压力为动力。
- 相信自己，主动交往，不要急于表白心迹。

喜欢让男生将自己的名字挂在嘴边

女孩，为什么喜欢被男孩重视

青春期来了，我们有了一种强烈的自尊心，希望得到他人的重视，尤其是男生。我们非常在意自己在男生心中的印象，想知道男生是如何看待自己的，喜欢让男生将自己的名字挂在嘴边。怎么会出现这种心理呢？难道和青春期有关系吗？

女孩的心思

① 我的心里那个美

靖易：今天中午在食堂吃饭的时候，我看到几个男同学一个劲儿地向我这边看。我知道，他们在说我，一种优越感飘然而起，要知道，这几个男生可是我们班上最优秀的男生。我不时地用眼角的余光看看他们，心中那个美啊！

② 自己这样差，怎么能吸引男生的注意呢

沛凝：看着班上其他女生经常会被男生提起，我真是既羡慕，又妒忌。什么时候，我的名字才能出现在男生的嘴里呢？也难怪，自己长相平平、性格呆板、成绩中等……我身上一个优点都没有，怎么能吸引男生的注意呢？

③ 班长主动和我打招呼，真有面儿

翠梅：今天，和妈妈出去买东西的时候，遇到了我们班长。班长一看到我就和我打招呼，我也做了回应。真有面子！虽然我知道，班长对每个女生都是这样有礼貌，可心里依然甜滋滋的，至少向妈妈说明，我在班里的人缘还不错！

科学解析

青春期女孩从心理上会产生一种对异性的好奇心和吸引力，情窦初开，春心萌动。

这种对异性的好奇感和接近的渴望，使女孩更加关注自己在异性面前的言行举止，以及在异性心目中的形象。

众所周知，异性交往是人类社会生活中不可缺少的重要组成部分，在个体成长历程中的各个阶段都是必不可少的。青春期女孩心理萌发的正常异性交往心理不仅有利于学习进步，而且也有利于个性的全面发展。

一般来讲，既有同性朋友又有异性朋友的女孩，往往性格比较开朗，为人诚恳热情，乐于帮助同学，自制力也比较强；而那些只在同性同学中交朋友的人，往往缺少健全的情感体验，不具备与异性沟通的社交能力，社交范围和生活圈子也比较狭小，易出现人格发展不完善等问题。

专家支招

身为女孩，天赋的柔美、善感，使女孩拥有爱美的天性和温柔、善良、细致、娴雅的气质，以及丰富的内心世界。要想引起男生的注意，就要保持这些美好的特质。

① 纯洁的心灵

纯洁的心灵是使一个人在任何时候、在面对任何人时都能堂堂正正的根本，任何人都不要让自己失去纯洁的心灵，青春期女孩更不能没有它。

② 心中有梦

女孩心中一定要有梦，不论身处的环境如何，都要积极应对，让梦想给你带来与众不同的光辉。

③ 不贪婪

不要被贪婪、物欲的烟雾迷住你的眼睛，明亮的眼睛只追随梦开始的地方。即使四周的人都沉浸在各种利益的获取之中，也要让自己的眼睛保持清澈。

④ 不粗俗

不要让自己变得粗俗、急功近利。做个有气质的女孩，就要保持文雅、脱俗，让接近你的人能感到一股清新气质笼罩着你。

⑤ 有爱心

永远不要失去对人、对世界的温柔爱心，要让自己和你身边的人对世界、对明天怀着希望。

⑥ 不虚伪

不虚伪、不奉迎、不见风使舵，在任何情况下都不改变自己的清洁、纯真。虽然因此会失去一些现实的利益，但你得到的远比失去的要珍贵得多。

⑦ 理解他人

要耐心地倾听和理解别人，要安慰和尽力帮助处在困难中的人。

⑧ 为自己找个范本。

要按照自己心目中理想女孩的要求，争取向“她”靠近，还要不断修订这个范本，一步一步地提升自我。

小贴士

女孩为什么喜欢在男生面前表现自己

在学习、游戏、旅游、体育比赛等活动中，很多女孩在异性面前都会有一种异样的心理感受，一种难以言表的愉悦与兴奋，而且特别愿意在此时表现出自己的长处。有的女生说：“我觉得男生心胸开阔，和他们在一起时我的心情也开朗了。”其实，这正说明了正常的异性交往对女孩的心理健康发展会有促进作用。

和男孩说话时总是感到紧张

如何同男生正常交往

升入初中之后，突然对男生变得腼腆起来。虽然特别喜欢和男生说话，可是每次和男生说话都会感到不自在，尤其是当自己喜欢的男生和自己说话时，每次都弄得自己脸红脖子粗……男生会不会瞧不起我？为了在同学面前争得面子，尤其是在男生面前，该怎样和男生交往呢？

女孩的心思

① 长此下去，我还怎么和男同学相处

乐儿：今天，老师让我和班里的一个男生代表全班同学去医院看望一个生病的同学。一路上，他和我说话，我却一直都将脸扭向另一边，装作没听见。为什么会这样呢？每次男同学跟我说话，我都会感到浑身不自在。长此下去，我还怎么和男同学相处？

② 我怎么成了这样啊

书文：今天在公交车上，我遇到了班里的一个男同学。很显然，他也看到了我，由于车上人不多，他便换了个座位，来到我的旁边。他问了我好几个问题，我却一直都将头看着窗外，最后，他看我不理他，便不再说话了。我怎么成了这样啊？

③ 那个男孩找到地方了吗

雪卉：今天，在街上，遇到一个和我年龄差不多的男孩。他问我中山路怎么走？我本来是知道这个地方的，可是，还没说话便紧张起来，然后便慌忙逃走了。回到家里之后，我很后悔今天的行为，那个男孩找到地方了吗？

科学解析

青春期，很多女孩看到男孩就会感到不自在、紧张，这是一种很常见的现象。青春期，男女生相互之间的感觉由平常到好奇，随之产生好感，会害羞，这是几乎任何一个青春期女孩都有过的心理，所以女孩应该正视它。

青春期，和男生正常交往，对女孩是有很多好处的：

首先，在智力方面，男女生的智力类型是有差异的。男女生经常在一起互相学习、互相影响，可以取长补短，差异互补，提高自己的智力活动水平和学习效率。

其次，在情感方面，人际交往间的情感是丰富而微妙的，在异性交往中获得的情感交流和感受，往往是在同性朋友身上寻不到的。因为，两性在情感特点方面是有差异的，女生的情感比较细腻温和，富于同情心，有使人宁静的力量。这样，男生的苦恼、挫折感可以在女生平和的心绪与同情的目光中找到安慰；而男生情感外露、粗犷、热烈而有力，可以消除女生的愁苦与疑惑。

最后，在个性方面，只在同性范围内交往，女孩的心理发展往往会狭隘，远不如既与同性又与异性交往的人拥有丰富的个性。不同的人际交往，可以使差异较大的个性相互渗透，互为补充，使女孩的性格更为豁达开朗，情感体验更为丰富，意志也更为坚强。

专家支招

一般来说，这样的情况都是性格内向女孩的“专利”，对性格外向的女孩来说，这种现象比较少。性格内向的女孩一般都不善言谈，内心却对异性充满了爱慕之情。她们过于看重对方的反应，加上害怕遭到拒绝，所以越想就越感到紧张。所以，在现实生活中，她们会尽量避免与他人接触，这种情况其实是对交往的畏惧。那么，该如何与异性正常交往呢？

① 要端正态度

和异性同学交往的时候，青春期女孩要培养健康的交往意识，淡化对对方的性别意识，要端正交往的态度。思无邪，交往时自然就会落落大方。

② 广泛交往

广泛接触不同类型的人，不仅有利于女孩认识、了解更多的异性，对异性有一个基本的总体把握，还能够让女孩学会辨别异性。有的人外表迷人，但交往中会发现他华而不实；有的人学习成绩顶呱呱，却恃才傲物、颐指气使。如果只进行有限的小范围个别交往，难免会“只见树木，不见森林”。所以，要充分利用每一次集体活动的机会，有意识地在更广阔的人际范围内进行交往。

③ 把握好交往的心理距离

和异性同学在交往的时候，要把握好两人交往的心理距离，既不要互相排斥，也不要过于亲密。如果在交往中发现对方的苗头不对，要调整自己的态度，使交往回复到波澜不惊、心静如水的状态，这样更有利于我们的成长。

小贴士

青春期女孩脸红有原因

很多时候，女孩之所以不敢和男孩说话，真正反映出来的是女孩的内心世界，说明女孩的内心已经开始朦朦胧胧有些想法了。当然也不排除另一种情况：女孩很想让男孩注意自己，想表现自己，结果越想表现，表现越差，结果不自然、脸红、心跳、不会说话就都跟着来了。要仔细想想，自己属于哪种情况，然后再采取适当的方法加以改正。

和男生说话就害羞

青 春 期 女 孩 为 什 么 会 变 得 胆 小 、 害 羞

最近一段时间，突然发现自己变得害羞起来，尤其是面对男生的时候。有几次，本来想让同桌（男生）帮忙，可是，又担心人家会笑话自己。在外面逛街的时候，如果碰到班里的男同学，更是不敢说话。本来是个胆子挺大的女孩，到了青春期怎么变成这样了呢？

女孩的心思

① 给男同学讲题会害羞，真难为情

傲丝：课间，同桌让我帮他讲解一道物理题目。我当然愿意了！可是，讲着讲着，我的脸居然渐渐红了，声音也渐渐低了。同桌看着我的脸说："不会吧！给男同学讲题还害羞！是不是心怀不轨啊！"我更感到不好意思了，急忙说："你再说，我不给你讲了。"同桌只好告饶，但我的心却平静不下来了。

② 躲躲躲，真是丢尽了面子

安青：今天，开家长会。一个男同学拉着爸爸的手走到我这里说："爸！这是我们班的数学课代表，很多同学都崇拜她！"我妈妈和他们聊了起来，而我的脸却一阵红一阵白。同学的爸爸跟我说话，我都没有搭理人家，真是丢尽了面子！

③ 我居然替男同学拒绝了妈妈的邀请

初蝶：我和一位男同学住在同一栋楼上，前几天他生病了，请了几天假，星期天的时候，来向我请教问题。虽然爸爸妈妈热情地招待了他，可是我却感到很害羞。我虽然在给他讲题，可是却不敢抬起头来。好不容易讲完了题目，妈妈却要邀请他在我家吃饭，我急忙说："不用，不用，他说回家吃。"男同学对我笑了笑，然后就告辞了。

科学解析

青春期女孩的生理、心理都会出现巨大的变化，从而引起一系列的感应性反应。进入青春期后，由于生理、心理的发展，激素分泌增加，对外界的刺激（如异性），往往会产生明显的感应性反应，出现脸红、心慌等情绪，这是一种心身变化的正常自然反应。

羞怯是一种普遍的心理现象，尤其是在女孩初次参加社交活动时，表现得尤为明显。大部分女孩都会表现出羞涩、胆怯、拘谨、不自然。可是，一般随着年龄的增长、社交的频繁、生活的磨炼、经验的积累，羞怯心理也会逐渐减弱和消失。因此，一般的害羞完全是一种正常的心理现象，对女孩并没有什么影响。但是，如果羞怯成性，待人处事总是羞羞答答、怯怯懦懦、惶惶不安，终日为羞怯所困扰，不但会在精神上给女孩造成很大苦恼，还会使女孩的思想和行动受到束缚，不能很好地适应社会生活。

专家支招

青春期女孩，该如何与异性同学交往呢？

① 树立正气，创造环境

青春期女孩要打破封闭式的生活环境，用全新的观念和热忱的态度，来发展同性友谊和异性友谊。要树立正气，创造适合的氛围，形成正确的舆论。在交往时，要堂堂正正、一身正气、不抱杂念，对别人的交往不红眼、不遏制、不捕风捉影、不制造流言。

② 分清友谊与早恋的界限

由于青春期女孩的生理、心理机能并未完全发育成熟，如果这时恋爱，难免会有较多的冲动性和盲目性。但是，对于青春期女孩来说，友谊与恋情之间的尺度不是容易把握的，因此，应尽可能地增加群体交往。这样的交往方式，既能让自己的情感得到及时的宣泄，满足女孩的心理需求，又可以有效避免越轨行为。

③ 交往时要大大方方

青春期女孩都喜欢在异性面前表现自己，从而获得异性的好感和青睐，这是正常的。但是，这种表现一定要掌握好尺度，要自然大方，不可粗俗轻浮。和男同学交往时，不要故作姿态，以免招来流言蜚语。

④ 要善于学习异性的优点

由于性别差异，男女在性格和气质方面各有长处，男生坚毅、刚强、勇敢、独立；女生细腻、温柔、严谨。不同异性交往，女孩是很难发现异性身上特有的优点的，而这些优点又恰恰是其本身所缺少的，因此，和男同学进行正常交往，有利于共同学习、共同提高。

小贴士

更新观念，主动交往

青春期女孩由于性的萌动，会产生对异性的渴望，这是正常的生理、心理现象，过分压抑对于身心健康发展是不利的。尤其是在当今信息开放的年代，人们的观念发生了巨大变化，开放型的人际交往成了社交的主旋律，因此女孩不应将与异性交往神秘化，要更新观念，主动交往。

上课，老想往班长的方向看

为什么会对异性产生好奇心

青春期来了，我们对异性有了好奇心。体育课的时候，最喜欢看男生打篮球；图书馆里，还会借些关于男生的书来看；最要命的是，上课时，总喜欢往班长的方向看。班长在我们班的人缘极好，是我心中的偶像，多看几眼本无可厚非，可是好几次都被老师发现，认为我在开小差。真丢人！青春期，怎么会对异性产生好奇心呢？

女孩的心思

① 为什么老想看班长呢

寄灵：数学课上，我没有心思学习，眼神不时地瞟向班长那边。看着他清晰的侧脸，我不禁入了迷。老师让我站起来回答问题，我却答非所问，同学们大笑起来，我只好将头低下。怎么会这样呢？为什么老想看班长呢？

② 小秘密被发现了，真丢人

涵蕾：今天，一个男生向我告白了，我拒绝了他。他说："我知道，你喜欢×××，因为你上课老往他那边看！可是，他有什么好？"看到自己的小秘密被同学发现，我的脸一阵红。很快，班里便传出了我的流言，而我却更加喜欢向×××的方向看了，怎么办？

③ 哪里有地缝，我要钻进去

雁凡：我很喜欢班里的×××，这几天不知怎么搞的，上课的时候老是想往他的方向看。可是，今天不凑巧，被他发现了。当他将头扭向我这一边的时候，我急忙收回了目光。可是，过了几分钟，我居然又有了看看他的想法，于是，又掉转了眼神，这次……天哪！四目相对，他看到了我！哪里有地缝，我要钻进去！

科学解析

处于青春期的女孩对异性好奇、有好感、想接近是一种正常现象，是性意识发展到一定阶段的必然表现。没有这种表现，反而不正常了。

女孩有了这种心理并自然而正常地表现出来，是开朗、纯真的表现，而压抑或扭曲自己，往往会造成一定的心理障碍。因此，青春期的女孩要大大方方地接近异性同学，堂堂正正地和他们交往。这种坦诚的正常交往对于女孩的身心健康及学习生活都有着良好的促进和影响。

进入青春期的女孩，随着性生理上的急剧变化，心理上会出现一系列微妙而复杂的反应。不可否认，异性间因相互吸引而产生的愉悦的情绪体验是一种良好的、积极的情绪体验，不仅对身体健康有很大的益处，而且对整个心理活动都具有大量的生理效应，可以有效激发女孩的潜能，使之敏捷活跃，奋发向上。

专家支招

青春期女孩该怎样更好地利用异性效应呢？

① 利用“异性效应”取长补短、丰富完善个性

进入青春期后，由于性激素的分泌，第二性征的出现，女孩的身体外形及体内功能都会发生很大的变化，心理上的差异越来越明显。男孩子往往性格开朗、勇敢刚强、果断机智，不拘泥于细枝末节，不计较点滴得失，好问、好动、好想。女孩往往文静温柔、感情细腻丰富、举止文雅、灵活委婉，有较多的被动意识。男女同学相互交往，相互吸引，往往易于发现对方的长处和自己的不足，利于相互学习、取长补短，丰富完善自己的个性。

② 利用“异性效应”提高学习与活动效率

男孩在思维方法上偏重于抽象化，概括能力较强。女孩在思维方法上多倾向于形象化，观察细致，富有想象力。男女同学在一起学习，就可能相互启发，使思路更加宽阔，思维更加活跃。思想观点相互启迪，往往能触发智慧的火花。在活动中，男女同学相互交往，心理交融，也易取得明显效果。

③ 利用“异性效应”提高自我评价的能力

青春期的女孩，由于性意识的发展，往往非常留心异性同学（特别是自己喜欢的异性男孩）的一笑一颦、一举一动，喜欢对异性同学评头论足；同时，女孩又都很重视异

性对自己的评价。女孩在评价对方的同时，一定会注意规范自己，塑造自己，完善自己，从而在评价别人中学会评价自己，使自己自我评价、自我促进的能力得到提高。

小贴士

利用“异性效应”激励自己奋发向上

“异性效应”往往会使女孩以此来激励自己，使自己变得成绩优异，谈吐文明礼貌，举止潇洒自如，服饰整洁大方，富于勇敢探索精神，具有豁达的胸怀。同时，女孩也会在不知不觉中对自己提出要求，学习刻苦努力，举止优美大方，待人温文尔雅，言谈风趣，富有修养。这种相互激励，就成了男女同学发展的动力和“促进剂”。

总想见到心中的他

为什么会暗恋喜欢的异性

升入初三之后，我特别喜欢让同桌帮我做事情，总有一种踏实的感觉。这两天，同桌请假了，他怎么了？感冒怎么还不见好？每天看到空荡荡的座位，就会产生一种失落感。甚至还产生了去看望他的冲动，哎！真是太奇怪了！我怎么如此依恋他？

女孩的心思

① 怎么了，难道生病了

谷兰：每天早上一进教室，我都要看看×××的座位。如果他坐在那里，我就会感到一种深深的满足感；如果发现他还没有来，我就会多出一些担心，他怎么了？今天，他还没有来，难道生病了？我问了问其他人，大家都说没有见着他，怎么回事？

② 我怎么会对一个男同学这样依恋

灵凡：晚上写作业的时候，我的脑子中不时地会出现×××的影子。想着他在学校里和我的谈话、玩耍；想着他在课堂上回答老师的提问。第二天早上起来的时候，脑子里出现的第一个影子，也是他……我怎么会对一个男同学这样依恋？

③ 为什么会这样呢

凝云：×××去参加市里举办的物理竞赛了。我却一整天都魂不守舍，我不停地问自己："他考得怎么样？"我甚至还想象着他答题的样子……下午他回来了，我的这颗心才算落了地！看着他兴高采烈的样子，我猜他一定考得不错！为什么会这样呢？

科学解析

暗恋别人，对于正处在花季雨季的青春期女孩来说，是很普遍的现象。

暗恋是接触情感的第一种方式，对于还没有那么成熟的女孩来说，也是最安全的一种方式。

暗恋是很私人的一种自我内心体验，自己是唯一的主角，没有所求，只是默默地付出。在还没有拥有完全成熟的心智去经营爱情时，在还没有完全稳定下来保证爱情的稳固时，在还没有能力开始自由轻松的恋爱时，一场暗恋可以释放爱，却不会造成伤害。

暗恋，有时候，爱上的未必是对方，而是爱上了"恋爱"本身，对方只是一个承载爱情幻想的载体，披着强加在他身上的七彩外衣，这件外衣是自己对爱情的憧憬，对恋人的期望，但对方并没有这么五彩缤纷。

专家支招

进入青春期，每个人都会有暗恋的经历。暗恋既是很忧郁、很困惑的事情，更是一件很美、很幸福的事情。因为暗恋中有对人生的品味，更有对美好的憧憬，所以只要调整好心态并处理得当，暗恋也并非是什么坏事。那么，该如何对待暗恋呢？

◇1 暗恋是一种价值观的体现，是会随着成长而改变的

青春期的情感是多变的，随着女孩的成长，身边会涌现出很多值得爱慕和尊敬的异性。

青春期的暗恋是个人辨别能力、审美意识和价值观初步形成的体现，也是对美好事物的一种向往。可是，随着成长的不断完善，之前所爱慕暗恋的对象，可能很快就会发现这个人的缺陷，而更多、更完美的暗恋对象可能会随时出现。

◇2 建立融洽的家庭关系

家庭关系不融洽会导致女孩更早地暗恋异性。孤独、寂寞的女孩更容易恋爱，她们会在异性身上寻找心灵慰藉。一旦有人愿意与她们更多地交流，她们会视为珍宝。所以，要多和家长接触，减少孤独感。当我们的家庭环境关系融洽时，就会减少感情的转移。

◇3 调整心态，走出暗恋，变压力为动力

青春期女孩，既要意识到暗恋的正常性，又不能深陷其中。要多和父母沟通交流，减少自由“发呆”的机会和想“事情”的时间，促使自己将心生的爱慕巧妙地转化成一种动力，引导自己用这种爱慕激发自己更加努力，使自己优秀起来，让自己爱慕的人敬重自己。

◇4 暗恋不是区分好女孩和坏女孩的标志

要知道，暗恋异性的女孩并不是坏女孩。随着女孩渐渐长大了，就会对美好的事物产生一种向往，这是积极的心态。暗恋本身并没有错，只要处理妥当，就可能变成一件有积极意义的事情。

◇5 对暗恋有一个正确的认识

暗恋是健康成长的一个标志。它既不是一件见不得人的事，更不是道德品质败坏的事。在青春期，很多女孩都会有一个暗恋对象；有些女孩也会成为别人的暗恋对象，这是一种很美好的感情，要正确认识。

小贴士

失恋了，怎么办

失恋是恋爱中经常发生的挫折现象，许多青春期女孩会为此痛不欲生。其实，这些令人痛心的现象并不是不可避免的。我们可以根据心理防御机制的原理来提高对挫折的耐受能力，尽快消除心灵的创伤，保持心理的平衡与健康。

失恋是一种自然的社会现象，既然有千千万万的人都过来了，你为什么过不去呢？爱情毕竟不是生命的全部，为了失恋而搞垮身体，是很不值得的。

我喜欢喊喜欢的男生为“老公”

正确认识男女生之间的称呼

这段时间，每到下课，我们几个女生总跟在男生的后面追逐打闹，喊对方为“老公”，结果被老师发现了，她说我们这样喊不合适。我们也意识到了问题，可是，每次这样喊的时候，都会产生一种愉悦性的快感，说不清也道不明。男女生之间，真的不能以“老公”“老婆”相称吗？为什么？

女孩的心思

① 青春期的女生难道都这样

曼云：最近几天，在操场上和同学一起玩的时候，总能听到几个女生喊男生“老公”。我也想这样喊男同学，可是我不敢，如果被妈妈发现了，定然会遭到妈妈的一顿痛骂。可是，听着其他女生的叫喊声，我的心里也非常痒痒。我有点儿搞不明白，为什么青春期的女生都喜欢喊自己喜欢的男生为“老公”，为什么会出现这种现象呢?

② 一句“老公”，让我遭到了爸爸的误解

丹彤：今天放学之后，由于要和同学一起排练舞蹈，所以没有按时回家。排练结束后，我们几个人一起走出了校门，一路开着玩笑，从我们的嘴里不时地会蹦出一两个“老公”“老婆”之类的词语。这时候，爸爸正好来接我，听到了我们的称呼，他脸色发青，狠狠地瞪了我一眼！我知道这下可惨了……

③ 可悲，为什么没有人喊我“老婆”

南霜：班上，很多男生都喜欢喊小敏为“老婆”，只要一下课，小敏的周围就会围上很多同学。每次听到男同学这样喊，小敏都是美滋滋的！为什么会这样啊？为什么没有男生这样喊我啊！其实，我是多么期望男同学能够这样喊我啊！可是……哎！

科学解析

如果男生之间以“老公”“老婆”相互称呼，很容易被人误认为同性恋，这是一种被传统观念默认的“符号”。可是，如果是女孩，尤其是处于青春期的女孩，潜意识里是需要扮演保护和被保护的角色的，这会给她们带来心理上的满足感和归属感。

其实，进入青春期后，女孩和男孩互称“老婆”“老公”只是对成人世界的简单模仿，他们并不了解“老婆”“老公”“结婚”的真正含义。

由于电视传媒、网络游戏的影响，女孩的思想也在潜移默化中受到了影响。现在，很多女孩喜欢学别人过嘴瘾，如果真的只是叫叫好玩那当然没事，可很多叫“老公”的女孩还真的谈起了恋爱，这样就不太好了。

专家支招

随着青春性生理发育的成熟，男孩和女孩之间会自然产生吸引。如何才能建立健康的异性友谊?

① 相信自己，主动交往

有些男生、女生因为自己的容貌、魅力不足，怕异性不喜欢自己而不敢交往。其实，美不仅在外表，更在内心。只有当你觉得自己是美丽的并相信自己，你才会光彩照人并得到别人的肯定。

自信的人才是最美的！只要你能够坦然面对自己的优点与不足，不断弥补自己的短处，发展自己的爱好，相信自己的价值，你就是最优秀的。

勇敢地迈出与异性交往的第一步。青春期女孩要通过交往，了解异性世界的风采，提高与异性交往的能力，并培养友谊，发展自己。

异性交往要广泛。每一个异性都不简单，通过广泛交往可以了解异性世界的丰富多彩。

异性交往要公开透明，不要让他人误解，也不要让自己背上精神包袱。

不要总想着与异性交往。异性交往只是生活中的点缀，而不是全部。

② 不要急于表白心迹

喜欢与爱是两种不同的情感，喜欢是一对多，而爱是一对一；喜欢是淡淡的静物素描，而爱是浓浓的泼墨山水。

喜欢与爱是两条异面直线，它们有着不同的归宿，它们之间要建立联系，需要一条特殊的线——红线，所以，不要轻易将喜欢打上爱的标签。

对喜欢的异性不要急于向其表白，要将这种喜欢之情埋在心底，对待他要像对待其他同学一样，落落大方，一视同仁。过多的关注可能会让对方产生一种窒息之感，反而使友情蒙上一层尘埃。

小贴士

控制和升华性幻想

随着性生理发育的成熟，青春期女孩会做一些关于性的梦，如果做了这样的梦，你不要大惊小怪，这些都是正常的。如果不告诉别人，没有人会知道你在幻想什么，因此你不必担心。性幻想是一种释放性能量的安全途径，是你自己能够控制的方法。但要注意控制你的性幻想，及时从其中转移出来，投入当前的现实生活之中，如唱唱歌、跑跑步、干干家务等。

下课后，他送给我一封信

收 到 了 情 书 ， 该 如 何 处 理

下课后，一位女生递给我一封信，说是他让转交的。我知道出问题了！来不及多想，我便阅读了其中的内容，果不其然，是一封情书。上面的言辞虽然没有那么火辣，可是在平淡的语气当中，却饱含着满腔的深情。对于这样的情况，该如何处理呢？如果被大人发现了就死定了，我该怎么办？

女孩的心思

① 该怎么拒绝他呢

采春：今天，写作业的时候，我在书包里发现了一封信。当我打开的时候才发现，是班里的一个男生写给我的情书。上面写了他对我的喜欢，表示希望和我交朋友。我可不想在中学时代谈恋爱，可是，该怎么拒绝他呢？怎么办？

② 撕撕撕，我的举动难道真的伤了他

念梦：今天，同桌送给我一封信。他低着头不敢看我，不看我也知道，里面写的是什么。我接过信，三下两下，便将其撕成了碎片。看到我这样做，同桌瞪大了眼睛。我说："少侮辱我的情商，中学时期，我是不会和男同学谈朋友的！"或许是我的言行刺激了他，他阴沉着脸快速离开了。我是不是做错了？

③ 这种感情挺珍贵的，千万不要伤害了对方

雨灵：星期天，表妹来我家玩，我将一个秘密告诉了她——我收到情书了，周末下午收到的！表妹比我小1岁，笑着说："你不是说中学时代不和男同学谈朋友吗？怎么还收人家的情书？"我说："我只不过想试试自己的魅力，当然不会答应了。"表妹说："如果你不愿意，就直接告诉人家；如果同意，两人就试着相处一下……这种感情挺珍贵的，千万不要伤害了对方！"

科学解析

青春期是人生舞台上一幕最美好、最精彩的话剧，它可能伴随着许多浪漫、令人难忘的小插曲。其中，收到"情人卡""情书"或"我最喜欢你"之类的小纸条就是一支迷人的曲子。此时的你，是惊慌害怕、兴奋欣喜，还是不知所措?

由于学习任务重，异性之间传递情书的事情，多会影响女孩的学习精力和情绪的稳定，而教师和家长对学生中的情书现象往往联系到品德问题上，轻则批评，重则给予处分，同样会使当事人在心理上因受到打击而产生挫折感，所以青春期女孩要学会妥善处理这些问题。

专家支招

收到情书了该怎么办?

① 装作若无其事

有些男生可能是由于一时冲动而给你写情书，如果立即回信，还会让对方误以为你

在意对方，因此引来更多纠葛。你可以装作什么都没发生，像往常一样和他来往，既不要过于疏远，表现出刻意回避的态度，也不要表现出亲近和热情，一段时间后，他可能就会明白你的态度，因此而鸣金收兵了。

② 面对面交流

如果你装作若无其事，对方还是对你穷追不舍，百般纠缠，你可以与对方直接面对面地沟通，告诉对方你们可以做朋友，保持良好的友谊关系。也可以在交谈时趁机将情书交给对方，以表示你的坚决态度。总之，在处理情书时要慎重，要尊重对方，不伤和气，更不要让对方感到难堪。

③ 请求别人帮忙

如果上述两种方法都不起作用，他仍纠缠你不放，在你的一再警告下仍如此的话，你有必要请求一个你信赖的第三者，比如，让你的同学来转达你的意思，必要时再找家长或老师，以免招致不必要的麻烦。

小贴士

面对情书，理智自控

中学生之间的“情书”“纸条”等，经常会使一些同学陷入性幻想或单相思，所以青春期女孩应学会控制自己的情绪和情感。要用科学的方法，凭意志和理智的力量调节自己的心理状态，通过有益的集体活动，大方而潇洒地与异性同学交往，使自己的心理行为符合中学生身份，不可盲目模仿成人的恋爱。青果的味道又苦又涩，正处在长身体、长知识阶段的女孩，最好不要感情用事，误入早恋的“泥潭”。

同学说“我和英语课代表是一对儿”

如 何 应 对 同 学 的 流 言

最近一段时间，同学们经常会拿我和英语课代表开玩笑，说我们是“天造地设的一对儿”，说我们“很有夫妻相”。有些无聊的人，一看到我和英语课代表讨论问题，就说我们在谈恋爱，真是烦透了！面对同学的这些流言蜚语，我该如何做呢？该不该作出反攻呢？

女孩的心思

① 可恶，他们老是这样说

凝安：最近几天，同学们都在背地里议论我和同桌的事，说我俩是“一对儿”。真是太气人了！如果让我妈知道了，不就严重了吗？这些同学也真是的，有了空闲时间就多出去运动运动，为什么偏偏在背地里说别人呢？真是太“八卦”了！搞得我都不敢和同桌讨论问题了。

② 我和×××真有夫妻相吗

冰海：我怎么能和×××有夫妻相！我长得多漂亮啊！为了证实同学们的说法，我甚至还特意照了照镜子。可是，无论如何也看不出和×××有什么相似的地方。这两天，我还在暗地里偷偷地看了看×××，也没有发现有什么相似的地方……天哪！这些同学都什么眼光！

③ 这些讨厌的家伙，真想修理他们一顿

初珍：放学的时候，同学们又开起了我和××的玩笑，我们做了还击，可是他们却说我们俩是“两口子一起欺负他们”。听到这些话，我气不打一处来。这些无中生有的家伙，真想上去揍他们一顿！

科学解析

生活中，遇到流言蜚语是很让人头疼的一件事，对处于身心迅速发展而心智还不够成熟的青春期女孩来说，更是如此。面对流言，有些女孩选择不理不睬，有些选择澄清真相，但还有不少女孩选择默默地生气，或以激烈冲突的方式解决问题……后面的这些方式无论对于问题的解决，还是对于女孩的身心健康都是无益的。

男女同学之间的交往一向是中学校园的敏感话题。客观地说，早恋确实于青春期的女孩不利，不应身陷其中。但是，正常的男女生交往却是值得提倡的。如果你坚信自己与他的友谊是正常的，就不必在乎他人的目光。走自己的路，让别人去说吧！正所谓“清者自清”，如果自己没有做错事，完全可以不理会他们说你什么。

专家支招

流言蜚语总是令人厌恶，虽然某些类型的流言可能会提高一个人的知名度，但多数“爆料”的人士都会给人带来伤害。更糟的是，流言通常都是在受害人的背后传播。那么，如何有效面对这些流言蜚语呢？

① 沉默

对待流言蜚语最好的办法就是沉默，你不用去管他们怎么说你，做好自己就行了。因为事情终会有结果，真相自在人心，只是需要时间来证明这一切。开心点儿，用你的微笑面对那些打击你的人，他们会意识到自己的错误。

② 牢记自己的目标

无论你说什么或者做什么，总有一些人会相信他们听到的那些谣言。你的目标是降低伤害，因为让所有人都相信你所说的话，几乎是不可能的。

③ 不要公然与之对抗

不要与散布流言的人在公众场合争辩，也不要言辞过于激烈。大吵大闹或者发起攻势只会让这些人感觉他们散布谣言是很有理的，最好对他们置之不理。但是，如果你确实有话非说不可，那就等到你心平气和时再说。

④ 泰然处之

当闲话传到你的耳朵里时，微微笑一下。然后，该干什么干什么。

小贴士

谣言止于智者！

发现流言之后，要多接触一下身边你不常接触的人，多了解一些事，并找一找谣言是从哪里传出的。不要缩头缩尾，身正不怕影子斜。最好和老师谈谈，让老师给你找出真相。在这种事发生后，不要去百般讨好大家，这样会让大家觉得你不害臊；同时，也不要远离身边一直支持你的朋友，这样会让他们觉得，你不相信他们。

第六章

心理

我的心事好多啊

到了青春期，女孩的心理会出现各种各样的变化，小心思也会被藏起来，比如，不想让父母管自己太多，感到烦躁不安，喜欢攀比，为人冷漠，自卑情结严重，孤独冷僻……这些情形是如何出现的呢？该如何克服掉呢？

• 情绪烦躁的女孩，要暗示自己树立自信，正确认识自己。

• 在日常生活中，逐步培养感恩的心态，抓住各种表达“爱”的机会。

• 克服盲目攀比心理，正确评价自己。

• 不要盲目减肥，不要为了美丽放弃一切。

• 注重自身人格塑造和能力的培养，确立合乎实际的目标，注意自我激励。

不用你管

有了叛逆心理，怎么办

最近，和同学发生了不愉快，回到家里也不想多说话。妈妈可能是担心我，总是问我“怎么了”，这种事情怎么能够告诉家长呢！本来就不想让家长知道，于是，便对他们说：“不用你管！”可是，他们还抱着“打破砂锅问到底”的精神继续追问。真是怪了，家长怎么这样爱管闲事？我只能逃避了，可是，这样做对吗？

女孩的心思

① 天哪，如何面对烦人的奶奶

听南：晚上10点钟的时候，我通常都在写作业。今天，奶奶给我送来了一个削好的苹果，我生气地对她说：“我在写作业，吃东西不用你管！”听了我的话，奶奶怔了一下，然后便将苹果放下，走了出去。妈妈知道了这件事后，说我做得不对。可是，我就搞不懂了，大晚上的不好好歇息，跑到我的房间做什么？即使关心我，可也不能在我学习的时候吧！

② 伤害了妈妈，怎么办

念蕾：这次期中考试没考好，妈妈让我总结经验教训继续努力。可是，我却对她说：“不用你管！”我知道，自己的这句话伤害了妈妈。可是，怎么办？我从来都没有跟别人道过歉。难道我应该和她赔不是吗？我妈也是，瞎管啥！

③ 该不该和爸爸谈谈呢

梦竹：今天出去玩的时候，不小心将10块钱弄丢了。我非常不开心，回到家里后直接就进了自己的房间。爸爸推开门问我怎么回事，我看了他一眼，说：“不用你管！跟你有嘛关系！”爸爸没有说话，然后便关上门离开了。哎！该不该和爸爸谈谈呢？

科学解析

进入青春期后，很多女孩都会发现，原来乖巧、可爱的自己变成了一个喜怒无常、情绪多变，动不动就和父母吵闹的“不安分子”。甚至有些女孩还发现，自己由原来那个懂礼貌的小女孩竟然变得动不动就吐脏字、说脏话，像小太妹一样，简直太叛逆了。

对于女孩来说，青春期原本就是一个特殊的时期，出现叛逆、不听话是很正常的事。女孩一进入青春期，随着她们身心发展的日趋成熟，迫切希望谋求自己的独立性，开始变得反抗老师、父母，甚至会把以前的良好品质及性格、习惯掩藏起来。其实，她们只是通过这些反抗行为来证明自己已经长大了。

专家支招

青春期，女孩的叛逆心理主要体现在哪些方面呢？

① 追求独立，却又依赖父母

青春期女孩，心理上最突出的表现是出现成人感，由此而增强了她们的独立意识。比如，女孩会渐渐地在生活上不愿受父母过多的照顾或干预，否则心理便会产生厌烦的情绪。

可是，由于其社会经验、生活经验的不足，女孩经常会碰壁，又不得不从父母那里寻找方法、途径或帮助，再加上经济上不能独立，父母的权威作用又强迫她们去依赖父母。

② 将自己当作大人，却又比较幼稚

青春期女孩的心理特点突出表现是出现成人感。这时候，女孩会认为，自己已经成熟，长成大人了。因而在行为活动、思维认识、社会交往等方面，表现出成人的样式。

在心理上，女孩渴望别人把自己看作大人，希望获得尊重和理解。可是，由于年龄不足，社会经验、生活经验及知识的局限性，在思想和行为上往往盲目性较大，易做傻事、蠢事，带有明显的小女孩气、幼稚性。

③ 既想让他人了解，又害怕被他人了解

青春期女孩需要与同龄人，特别是与异性、与父母平等交往，她们渴望与他人彼此敞开心扉、真诚相待。但是，由于每个人的性格、想法不一样，使她们的这种渴求找不到释放的对象，于是就形成了既想让他人了解又害怕被他人了解的矛盾心理。

④ 既非常渴求又表现得压抑

在青春期，由于性的发育和成熟，女孩出现了与异性交往的渴求，比如，喜欢接近异性，想了解性知识，喜欢在异性面前表现自己，甚至出现朦胧的爱情念头等。但是，由于学校、家长和社会舆论的约束、限制，使青春期女孩在情感和性的认识上存在着既渴求又羞涩的特点，表现得比较压抑。

⑤ 自制性和冲动性的矛盾

青春期女孩的自觉性和自制性得到了加强，在与他人的交往中，主观上希望自己能随时自觉地遵守规则，但客观上又往往难以较好地控制自己的情感，有时会鲁莽行事，使自己陷入既想自制又易冲动的矛盾之中。

小贴士

青春期叛逆心理正常吗

叛逆心理是女孩成长过程中经常会出现的一种心理状态，是青春期女孩的一个突出的心理特点。叛逆心理虽然说不上是一种非健康的心理，但是当它反应强烈时却是一种反常的心理。它虽然不同于变态心理，但已经带有某些变态心理的特征，如果不及时加以矫正，发展下去对女孩的成长是非常不利的。

真烦啊

如 何 消 除 烦 躁 情 绪

这段时间，不知道是什么原因，特别烦！上课的时候，老走神；放学回家的路上，无精打采；回到家里，不想说话……真是烦透了！本来不想让父母为我担心，可是，看到他们关心的目光，又不忍心躲避。我该如何消除自己的烦恼情绪呢？

女孩的心思

① 我该如何调整自己呢

寄琴：还有两个月就要参加中考了，可是我却陷入了深深的烦躁之中。上课的时候，经常会走神。整节课下来，都不知道老师讲了什么，放学之后，做什么事情，都没有兴趣，就连作业都不想完成，我该如何调整自己呢？

② 怎么会这样呢

小采：这几天，我特别不想和他人说话，回到家里，也不想和妈妈爸爸说话。即使他们问我问题，我也是用摇头和点头来表示，要不索性就不理会。如果他们问得急了，我还会狠狠地顶撞他们一句，怎么会这样呢？

③ 这和平常的我太不一样了

元冬：这几天我心情挺烦的，任何一件小事都能让我火冒三丈。今天，一个同学不小心碰到了我，我居然踹了人家一脚！放学的时候，看到一辆汽车跑得飞快，我还情不自禁地骂了人家一句。怎么会这样啊，这和平常的我太不一样了！

科学解析

青春期阶段是一个多风多雨的阶段，从生理到心理，从家庭到外面的世界，对青春期女孩来说都充满了不断出现的问题和挑战。很多青春期女孩的内心充满了冲突和矛盾，情绪上的烦躁正是这种冲突的表现。

青春期女孩的烦躁是一个极其复杂的情绪体验，是由内在因素与外在因素相互作用而引发的。青春期是女孩生理加速发育的高峰期，她们的身体加速成长，生理迅速成熟，特别是“第二性征”的出现，有相当一部分女孩在出现这种情况时，情绪会发生变化，变得烦躁不安。

青春期阶段的女孩产生烦躁情绪并不是单纯通过自己调节就可以完成的，处于青春期这个特定的阶段，女孩在自己调节能力还没有充分发展的前提下，需要从父母那里获得支持和合理引导。

专家支招

在这里，就给女孩介绍几种自我疗法。

① 学会给自己积极的自我暗示

自信是治疗青春期烦躁情绪的必要前提。情绪烦躁的女孩要学习通过暗示自己树立自信，建立处理突发事件能力的自信。通过暗示，女孩会多一点儿自信，焦虑程度就会降低一些。

② 分析疗法

有些烦躁情绪是由于女孩将经历过的情绪体验和欲望压抑到潜意识中的结果。这些被压抑的情绪体验并未在头脑中消失，仍潜伏在无意识中，从而导致病症。这些女孩往往整天都忧心忡忡的，犹如大难将至。

这时候，女孩要找到自己出现烦躁情绪的原因，必要时可以进行发泄，这样症状一般可以消失。

③ 转移注意力

情绪烦躁的时候，女孩会胡思乱想，坐立不安，痛苦不堪，这时候可以采用自我刺激法，转移注意力，比如，在胡思乱想时，找一本有趣且吸引人的书读一读；或从事一些自己喜爱的娱乐活动，或进行紧张的体力劳动和体育运动。

④ **深度松弛疗法**

事实证明，自我深度松弛对烦躁情绪有显著的疗效。进入深度放松的状态，通常来说，需要这样四个步骤：首先，尽量让身体放松。接着，加深呼吸，放慢呼吸的节奏，认真体会这种舒适的感觉。然后，轻轻合上眼帘，让眼球停止转动，在最舒适的位置安定下来。最后，想象一些令你觉得轻松快乐的事情。如果女孩能够学会这种方法，就能让自己从烦躁中解脱出来。这时，身体就是放松的。

小贴士

什么是青春期焦虑症

焦虑性神经症是一种常见的神经症，以焦虑情绪反应为主要症状，同时伴有明显的植物性神经系统功能紊乱。随着第二性征的出现，女孩对自己在体态、生理和心理等方面的变化，会产生一种神秘感，甚至会不知所措。有些女孩为了解决这些问题，经常会辗转于内科、神经科求诊，可是却没有发现任何器质性病变，这类病症在精神科常被诊断为青春期焦虑症。

管他呢，跟我又没关系

我 变 成 了 一 个 冷 漠 的 人

青春期来了，我发现，自己变得越来越冷漠了。路上遇到流浪的小猫小狗，我会一脚将其踢开；遇到问路的，我也会装作不知道走开。就连家人，我都变得爱搭不理了。

究竟出了什么问题？同学说我冷酷到了极点，没有同学愿意和我玩，我该怎么办？

女孩的心思

① 跟自己没关系的人，管他干吗

代梅：今天和同学出去玩的时候，在路上看到一个老人躺在地上昏迷不醒。同学想过去看看，我说："管他呢，跟咱们又没有关系！"同学说我冷血。我倒不这样认为，现在社会上骗子那么多，我能管得过来吗？跟自己没关系的人，管他干吗！

② 跟自己没关系的事，难道不能不管吗

香波：放学的路上，我们几个同学看到了一个坐在路边哭泣的小女孩，一个同学建议去问问。我却说："小女孩的家人可能就在附近，你过去和女孩说话，她的家人没准还会把你当坏人。而且，人家女孩的家人都不着急，你着急个什么劲儿，跟咱们有什么关系！"听了我的话，他们说我太自私。可是，这样做就是自私吗？跟自己没关系的事，难道不能不管吗？

③ 难道不想帮助人，就让人失望吗

青亦：最近几天，学校号召全校师生为灾区捐款。妈妈知道了这件事，问我打算捐多少。我觉得这件事跟自己的关系不大，不打算捐款，便对妈妈说："跟我有什么关系？与其捐给他们，倒不如买身新衣服穿穿。"妈妈看着我的样子，感到很失望。难道不想帮助人，就让人失望吗？

科学解析

所谓冷漠，就是指对事物无动于衷的态度。冷漠反映了复杂的行为表现方式，与个体的经验有着密切的联系，青春期女孩的冷漠表现可以分为三种类型：

◆倦怠性冷漠。由于中小学长期受片面追求升学率的影响，有些女孩在枯燥乏味的学校生活中，容易滋生疲劳、厌烦、倦怠等情绪。

◆角色性冷漠。有些女孩在学校或班级各项活动中，不能进入预定的角色情绪，出现角色失落、角色冷漠。

◆忧郁性冷漠。有些女孩对所处现实和自身的境遇存在不满，进而产生严重的心理失落感，精神委靡、郁郁寡欢、缺乏自信。

◆冷漠是青春期女孩受挫折直接反映的一种情境，当女孩个体受挫折后，虽然内心焦虑不安，却不关心也不去寻找克服挫折的办法，而是麻木茫然地适应产生痛苦的情境，比如，有些女孩由于学习或生活受挫，积极性丧失，表现出对一切事物漠不关心、无动于衷的情绪，长时间地脱离现实生活，造成行为障碍。

专家支招

到底是什么让现在的青春期女孩感情变得如此冷淡？青春期女孩如何才能让自己消除这种消极情绪呢？

① 在日常生活中，逐步培养感恩的意识

青春期女孩要从点滴小事做起，要明白爸爸妈妈做任何事情，都不是应该的，要心存感激。看到妈妈为全家人做饭，要说“辛苦了”；看到奶奶从老家带来的土特产，要表示感谢；重阳节、父亲节、母亲节等，要向爷爷奶奶、姥姥姥爷、爸爸妈妈祝福感谢；教师节，可以亲手制作贺卡，对老师表达真诚的感谢和美好的祝愿。在生活的点滴中，耳濡目染，逐渐养成感恩的习惯。

② 珍惜各种表达“爱”的机会

在父母面前，要珍惜表达爱的机会。下班回家，父母累了，可以给他们倒杯水；家里来客人，要帮忙迎送客人，端茶倒水；父母身体不舒服时，要主动帮忙拿药……女孩要珍惜一切表达爱的机会，学会关心爱护他人，逐步培养爱心。

③ 主动承担责任

女孩要勇于承担责任，该吃苦时吃苦，该受累时受累。如果家里没有热水了，就主

动烧一壶；如果洗衣机里堆满了脏衣服，可以自己洗一洗……在家庭中你与其他成员是平等的，要努力消除以自我为中心的观念。

小贴士

多交流，减少冷漠

青春期心理冷漠化倾向是一种致使人格变态发展的“病菌”。不利于培养和提高女孩的思想道德素质，不利于培养身心俱健的一代新人。在学校，女孩要多与同学交流，与同学友好相处；在家要多与亲戚、朋友、邻居交往，见面要问候；外出要多与叔叔阿姨交流，与人为善；要多参与一些社区服务，多为他人做一些力所能及的事情……有了良好的交流平台，青春期女孩才能自由快乐地成长，才能不陷入冷漠自私的误区。

看看，这可是姑姑给我买的项链

怎样才能摆脱虚荣

最近一段时间，我们几个女生经常聚在一起显摆。今天这个穿条新裙子，让大家看看；明天那个换个名牌书包让大家瞧瞧。为了说明自己的家庭富裕，我还向同学展示了生日时姑姑送给我的项链。我怎么变得这样虚荣？如何才能摆脱掉这种心理呢？

女孩的心思

① 难道我说错了吗

忆霜：生日这一天，大姨给我买了一条款式新颖的项链，每到星期六、星期日我都会戴上它。这天，我去找同学玩的时候，一个同学发现了我脖子上的项链，说很漂亮，我说："这可是我大姨从国外给我买回来的，据说很贵！以你们家的条件，怎么会有？"同学们听了我这样说，便纷纷离开了。难道我说错了吗?

② 我不该拿手机到处显摆吗

水瑶：为了便于和我联系，妈妈给我买了一款手机，我答应妈妈在学校不会将手机拿出来。可是，只要一离开学校，我都会将手机带在身上。这天晚饭后，我拉着家里的小狗去小区里遛弯儿。走到小区门口，我忍不住又掏出了手机欣赏一番。没承想，手机被一双大手抢了去。等我回过神来的时候，一个年轻的小伙子已经跑远了。遇到抢劫了！我这个悔呀！真不该拿手机到处显摆！

③ 难道这些事情不能和同学说吗

慕晴：早上一到学校，我便和同学讲起了昨天过生日的事情："我妈给我买了一个特大的蛋糕，上面都是我爱吃的水果……"这时，一个同学走过来说："不就是过生日吗？谁没过过？"听了同学的话，我的心有点儿受伤了，难道这些事情不能和同学说吗?

科学解析

人人都有自尊心，这种心理在青春期女孩身上会有比较明显的表现。对于处在青春期的女孩来说，其心理处在成熟与半成熟之间，正是重视外表、追求虚荣的高发时期。

有些女孩讲派头，充"大款"，吃高档零食，穿名牌服装，用进口文具，玩新奇玩具。

有的同学虽然家境不好，却宁可吃咸菜而穿名牌，打肿脸充胖子。

有些女孩撒谎说大话，总是在别人面前吹嘘自己和家人，她们往往不满足自己的现状，用撒谎、吹嘘来夸大自己，以满足虚荣需求。

有些女孩争强好胜，特别好强，做事情总想拔个尖儿。如果输了，就和人家吵闹不休，争得脸红脖子粗。

有些女孩爱听赞扬的话，听不得半点儿批评，谁批评了她，她就跟谁反目成仇，这也是虚荣心在作怪。

有些女孩嫉妒别人的才能，由于自己不如别人，得不到所需要的那种尊重，就嫉恨别人的才能。

……

这些都是虚荣的表现。

专家支招

虚荣心强的人，一般都不会脚踏实地地做事，经常会利用撒谎、投机等不正当的手段去渔猎名誉。他们在物质上讲排场、搞攀比；在社交上好出风头；在人格上很自负、嫉妒心重；在学习上不刻苦……虚荣的危害不容小觑，所以青春期女孩一定要极力克服虚荣心。

① 多和自己进行比较

横向地去跟他人比较，心里永远都无法平衡，会促使虚荣心越发强烈。一定要比，就跟自己的过去比，看看自己在各方面有没有进步。

② 正确评价自己

青春期女孩不仅要看到自己的长处和成绩，也要看到自己的短处和不足，对自己采取实事求是的态度。为了避免出现因过高估计自己而实际上做不到的难堪局面，要学会正确评价自己。

③ 正确对待荣誉

荣誉应当与一个人的实际努力相符，否则只能是虚假的。面子不可没有，也不能强求。一个人如果喜欢打肿脸充胖子，过分追求荣誉、显示自己，就会扭曲自己的人格。青春期女孩要正确对待荣誉问题，获得了荣誉不骄傲，失去了荣誉不灰心。

④ 学会公平竞争

凡是竞争总有输赢，不要把眼光只盯在输赢上，而是要注重竞争的过程，从中发现自己输或赢的原因，体会竞争的乐趣，形成健康的心理。为了消除自己的虚荣心，女孩要学会公平竞争，不能为了争第一而不择手段。

小贴士

虚荣心不同于竞争意识

竞争意识是一种通过扎实的工作与劳动取得成功的努力，是现代社会提倡的健康的意识与行为。而虚荣心则会让人通过炫耀、显摆、卖弄等不正当的手段来获取荣誉与地位。两者有本质的区别。虚荣心很强的女孩，往往华而不实，做事浮躁。而具有竞争意识的女孩则会根据个人的实力，把握好比较的分寸，通过自己的努力在不断地提高自己能力的同时获得进步与成功。

我就爱穿裙子

女孩为什么喜欢臭美

上中学之后，我突然喜欢上了穿裙子，经常会让妈妈给自己买裙子，有时候，我甚至还会节省下零花钱，用来买自己喜欢的裙子。男生说我们女生爱臭美，哎！哪个人不爱美呢？尤其是在青春期。谁不想将最漂亮的一面展示给同学呢？尤其是面对自己喜欢的男生。

女孩的心思

① 不就是穿穿裙子吗？有什么可说的

代卉：一到夏天，我就喜欢穿裙子。除了那几天特殊的生理期，通常都会穿裙子上学。有些同学说我臭美，可是，爱美是女孩的天性，哪个女孩不想将自己打扮得漂漂亮亮的。更何况，不就是穿穿裙子吗？有什么可说的？你们想穿，也可以穿呀！

② 难道穿裙子就是臭美了，简直是“乱弹琴”

白夏：每次出去买衣服，我都会将自己的精神聚集在裙子上。妈妈打算给我买些宽松的休闲服，可是我却不乐意。最后，妈妈只好听我的。在家人中间，大家都说我喜欢臭美！难道穿裙子就是臭美了，简直是“乱弹琴”！

③ 我生气了，难道穿裙子就是乱穿衣

冬梅：今天，学校举办朗诵比赛，我打算穿裙子上台。我站在衣橱边上，一件一件地试穿着。爸爸走过来说：“天气一天天凉了，怎么还穿裙子？感冒了怎么办？”说什么都让我穿休闲服。当我将要参加朗读比赛的事情跟他说了之后，他说：“参加比赛固然是好事，可是，总不能为了比赛，为了好看，就不注意天气乱穿衣吧！”我生气了，难道穿裙子就是乱穿衣？

科学解析

步入青春期的女孩，对自己的体貌开始格外地注意，对服饰、发型也开始用心琢磨。这时候，有些女孩还会在书包里装上小镜子、小梳子，把头发梳得整整齐齐，同时还开始挑剔衣服的质料、款式等。这时候的女孩，特别注意自己的体形、容貌，特别注意修饰自己。最明显的表现是开始化妆、戴首饰等。

女孩进入青春期之后，会出现强烈的自我关注，主要表现为关注自己的形象，强烈渴望了解自己的体貌，并喜欢在镜中研究自己的相貌、体态。其实，从青春期早期的心理特点看，女孩化妆、装酷都属于正常现象。

专家支招

“爱美之心，人皆有之”。处于青春期的女生更是如此。那么，该如何来认识青春美呢？

① 不要盲目减肥

处于青春期的女孩，随着年龄的增长，对自己的外表会更加的注重，尤其是对相貌，有些女孩总是感觉自己的身材胖，盲目地进行减肥，使得身体出现各种疾病，比如，内分泌紊乱、胃痛等；有的女孩为了美丽，为了显示身材的苗条，在寒冷的冬季里几乎不穿保暖的衣服，在寒风中冻得瑟瑟发抖……这些都是不足取的！

② 不要为了美丽放弃一切

青春期的女孩不要过于爱美，否则会影响发育、健康，要学会调理爱美的心态。其实，处于青春期的女孩本身就会散发出一种自然的美丽，没有必要过多地打扮。要尽量减少化妆的次数，要注意做好自我的保护，不要为了美丽放弃一切。

③ 要以学业为重

这个时期，女孩还处于学习期，要以学习为主，不要因为爱美的心太强而耽误了学业，耽误了人生的大好前途。因为，外表再靓丽也比不上心灵之美，长得美丽而没有任何知识，就好比空花瓶一样，好看但没有内涵，女孩一定要清楚这一点。

有些青春期女孩存在着严重的叛逆心理，容易与家长作对，不听家长的教导，喜欢我行我素。为了以后的发展，女孩一定要把精力转移至现实生活中，转移到自己的学业中，这样才会让自己有所收获，无怨无悔。

小贴士

“女孩爱美”是一种普遍的现象

女孩长到十三四岁，往往开始在意自己的身姿容貌，常常是镜子、梳子不离身，同时，也开始对化妆品和衣着服饰表现出浓厚的兴趣。当她们无法拥有自己喜爱的化妆品及衣帽服饰之类东西时，甚至会悄悄地去使用妈妈、姐姐等人的。她们对电影或电视上出现的新发型、新服式、新打扮也特别的敏感。总之，女孩会表现出对自我的一种关切，并且会千方百计地想让自己显得更美。这是一种普遍现象。

我就是一个外地人

青春期女孩如何克服自卑情绪

我是一个外地人，和爸爸妈妈生活在北京。虽然在这里上了一所公办学校，可是上了中学之后，我经常会感到很自卑，经常会为自己是外地人而感到羞愧。外地人的这个身份，压得我缓不过劲儿来。我不敢参加歌咏比赛，不敢参加班长的竞选，不敢和北京女孩交往……我知道，是自己太自卑了。可是，如何才能克服这种情绪呢？

女孩的心思

① 外地人的身份，让同学瞧不起我

从珊：我是在2009年转到现在这所中学的。由于我的户口在湖南，因此很多当地人都看不起我。平日里，当地户口的女孩会聚在一起开玩笑，解答问题，而我只能在一边静静地看着。有时候，她们一见我过来，就会散开。我非常恨自己，为什么不能有个北京户口？有时候，也会暗暗恨妈妈爸爸，为什么要把我从湖南老家带到北京来？

② 因为是外地户口，而受了欺负

平绿：我去菜市场买菜，卖菜的小贩是个当地人，他从我的口音里判断出我是南方人，便和我聊起天来。没想到回到家里之后，我才发现他卖给我的韭菜缺了2两。我想去找那个卖菜的，可是，妈妈却不让我去，说："咱们是外地户口，如果人家不承认，你会吃亏的！"我知道妈妈是为我好，可是外地户口的人就要这样受欺负吗？

③ 因为户口，我失去了很多本该属于自己的荣誉

如波：我来自河北，在上海的一所中学借读，从小学开始，我就没有参加过三好生评选，因为在很多人看来，我迟早要回老家参加高考，三好生的荣誉对我没有任何作用。同时，如果我评上了三好生，就占了人家当地学生的名额……我在班里的成绩是数

一数二的，就是因为户口的原因，失去了很多本该属于自己的荣誉，可悲！

科学解析

自卑感是青春期常见的一种心理障碍。自卑感强的女孩，在与他人进行比较后，会觉得自己不如别人，因而表现出无能、软弱、猥琐、精神不振等心理失衡状态，它是个体对自己的能力与品质作出偏低评价的一种自我意识，会对女孩的全部生活发生根本的影响。

每个人产生自卑感的根源是不一样的，产生的原因是复杂的：

· 有些女孩经常会因为自己长相不够漂亮，或者身材矮小、肤色黝黑而感到苦恼、自卑；有的女孩甚至会因为自己的汗毛重，或者脸上长有几颗雀斑、一颗痣而感到自卑。

· 有自卑心理的女孩，往往性格都比较内向，自尊心较强，自信心不够，容易因一时的失败而灰心丧气，甚至自暴自弃。

· 有的女孩易烦躁、焦虑，无法安下心来学习做事，她们看到别的同学学习成绩好很羡慕，希望自己也能那样，但性格与能力并不是一下子就能改变的，为此她们感到深深的自卑。

· 有的女孩因为家庭经济条件差，感到自己不如他人；有的因为父母职业问题而感到自卑；有的女孩因为自己成绩差，而感到低人一等。

· 经常遭受失败和挫折的女孩，自信心会日益销蚀，自卑感也会日益严重。

有些女孩缺乏自信，自我认识不足，过低估计自己，当某种能力与缺陷受到周围人的轻视、嘲笑或侮辱，这种自卑感就会大大加强，甚至以畸形的形式表现出来，如自杀等。

专家支招

自卑感的存在，虽然会给女孩带来极大的危害，会损害女孩的自尊心、自信心，影响女孩的进取精神，可是它并不是不可克服的，只要有走出自卑“沼泽地”的决心，自卑心理是可以消除的。

① 消除引起自卑感的外部因素

从个人角度来说，女孩要相信自己的能力，对于贬抑性的评价不要盲目接受，因为外部的评价并不总是正确的。此外，为了防止自卑感的出现，要学会把贬抑性的评价化为自己向上的动力，看成是对自己的鞭策和督促，从而消除各种外部刺激因素。

② 确立合乎实际的目标，注意自我激励

不管做什么事情，都不要操之过急，目标不可订得太大太高，不然就易于受挫。如果目标本身订得较大较高，可以将它分解为一个个的子目标，一一实现，这样就易于获得成就感，增强自信心。因为每一次成功都是一种激励，有利于提高自信心。青春期女孩要为自己设立一个合乎实际的目标。

③ 以宽容、豁达的态度来对待挫折

为了消除自卑感，要以宽容、豁达的态度来对待挫折，并进行恰当的“挫折归因”。面对挫折，要冷静地分析原因，找出导致挫折的真正因素，然后想办法去克服困难。

④ 进行客观的自我评价和积极的自我暗示

女孩要对自己的长处和短处进行实事求是的分析与评价，要善于发现自己的长处，不要把自己看得一无是处，减少产生自卑的诱因。

自卑是失败的俘虏，青春期女孩要保持这样的信念：“我也能！”“我行！”事实证明，恰到好处的自我暗示，可以有效消除自卑的“莠草”。

小贴士

正确补偿自己，积极与他人交往

有的女孩因为自己矮小、丑陋或某些缺陷而陷入强烈的自卑之中，这时可以通过“补偿”的办法来消除自己的自卑情结。在与人积极交往的过程中，自己的注意力会被他人所吸引，心理活动就不会局限于个人的小圈子里，性格就会变得开朗。女孩要通过与人交往，正确地认识他人的长短处，并通过比较，正确认识自己，学习他人的长处，减少自卑感。

没有同学跟我玩

如何才能获得他人的关注

这段时间，我很失落，因为没有同学喜欢跟我玩。课余时间，我经常一个人坐在那里。星期天，也没有同学约我出去踢毽子、跳绳……虽然妈妈看出了我的失落，可是我又不敢直接跟她说。我也希望获得他人的关注，我需要如何做才能实现这一点呢？

女孩的心思

① 我的自尊心受到了伤害，怎么会这样

谷蕊：课间休息的时候，同学们都会三三两两地聚在一起玩，可是却没有人愿意和我玩。今天，我看到几个女生正在打排球，也想参与进去，可是她们一看到我却散开了。我的自尊心受到了伤害，怎么会这样？我该怎么办啊？

② 我觉得难受极了，她们为什么就不喜欢和我交往呢

紫雁：星期天，我想约班上的女同学一起到我家给我过生日，可是当我发出了邀请的时候，她们一个一个却无动于衷。我在家里等了一天，结果只来了两位。妈妈热情招待了这两名同学，可是我却打不起精神来。18个女孩，只来了两个。我觉得难受极了，她们为什么就不喜欢和我交往呢？

③ 全班只有我落了单，我真是无地自容

白筠：今天上体育课的时候，老师让我们两两搭伴练铅球。由于我们班一共有29名女孩，因此最后我落了单。我只好和体育老师组成了一组，多难受啊！同学们都看我，我真是无地自容。

科学解析

在所有的人际关系中，与同学的交往可以算是最简单的人际关系。除了父母、老师，青春期女孩交往最多的就是同学。在学校学会与同学交往，是将来与社会各种人交往的最好练习。人的性格千差万别，处事方法也各不相同，这就需要女孩不断摸索，不断学习，不断进步。

如果女孩能够以诚实、真挚的态度对待他人，便可以获得对方的信任和理解，使女孩在交往中获得他人的信任，进而把那些具有优秀品质的人吸引到自己的身边，建立无须伪装的轻松、愉快的社交圈。

专家支招

每一个人都希望与他人友好相处，都希望自己能拥有一个良好的人际关系。人际关系问题在每一位女孩心中，都是一个影响自己身心健康和校园生活质量的重要因素。那么，该如何拥有良好的人际关系呢？

① 注重自身人格塑造和能力的培养

事实证明，一个品质好、能力强的人或具有某些特长的人更容易受到人们的喜爱。

人们在欣赏他的品格、才能的同时，也往往愿意与之接近，成为朋友。所以，如果想要增强人际吸引力，更友好、更融洽地与他人相处，就应充分健全自己的品格，施展自己的才华，表现自己的特长，使自己的品格、能力、才华不断提高。

② 宽宏豁达，做到以诚待人

在生活中，与朝夕相处的同学有了误会，受到别人不公正的对待，不为人接纳时，如果能够宽宏豁达，站在对方的立场考虑问题，体会他人的心情和感受，误会、委屈就常常会烟消云散，别人也将欣然接受你。

③ 掌握一定的社交技巧

交往中的技巧犹如人际关系的润滑剂，它可以帮助人们在交往活动中增进彼此的沟通和了解，缩短心理距离，建立良好的关系。社交技巧是多种多样的，比如，增强人际吸引力、学习一些幽默的技巧、学会巧妙批评等，青春期女孩都需要掌握。

小贴士

自信的女孩同学都喜欢

自信是一种良好的心理状态，对于一个社会人来说，自信也是一种人格魅力。如果一个女孩能够自信乐观地对待人生，大家都会喜欢她，她也会拥有更好的人际关系，更多的朋友，人缘自然也就好了。反之，如果女孩不自信，不仅做事易失败，而且在生活中也会缺乏魅力，结果自然可想而知。

同学是不是在说我

我为什么变得这样敏感

最近几天，我发现自己变得特别敏感，总是疑心同学在背后说我。同学们在一起说话的时候，我总想过去听听是不是在说我。哎！我是不是有些太神经质了！可是，进入青春期后，我怎么就变得这样敏感了呢？有什么办法能够排解这种不良情绪呢？

女孩的心思

① 他们在议论我什么呢

若南：可恶，他们又聚在了一起，我想凑过去听听他们在说什么。可是，就在我凑过去的时候，他们却不说话了。他们难道是在谈论我？看着他们一个个不友好的表情，我只好独自走开了。他们在议论我什么呢？

② 怎么一夜工夫，我成了外星人

静阳：今天早上当我来到教室的时候，热闹异常的教室一下安静了下来。在同学们的注视下，我疑虑重重地坐到了自己的座位上。同桌斜着眼睛看着我，就好像从来都没有见过我一样。天哪，怎么回事？怎么一夜工夫，我成了外星人！

③ 我生气了，气不打一处来

南萱：昨天中午在食堂吃饭的时候，我看到几个同学一边吃饭，一边朝我的这个方向看。当我看他们的时候，他们却将自己的目光躲闪开了。直觉告诉我，他们一定是在谈论我。是不是又在谈论我被喜欢的男生拒绝的事情啊！我气不打一处来，端起饭盒走出了食堂。

科学解析

进入青春期后，有些女孩在与人交往中格外敏感，别人一句无心的话、一个随意的动作和眼神，到了她们眼中，都可能引发一场严重的紧张和不安。这种心灵的敏感比身体的过敏反应还要麻烦，不仅影响本人的心理健康，还常常给周围的人带来压力。

青春期女孩，由于生理方面的变化、发育，体内一些激素的分泌，心理方面也会受到一些影响，比如，敏感、多疑、爱胡思乱想等。

有些青春期女孩，由于受到了家庭、学校的良好教育与引导，以及自身的适应能力和自我调控能力强一些，会很自然地度过这一阶段。但是，有许多青春期女孩，由于经历过一些大喜大悲之事，很容易在她们还未成熟的头脑里产生这样或那样的想法，变得很敏感、多疑，甚至是神经兮兮。而且，由于女孩还未成熟，社会经验少，知识水平不够充分，所以当她们遇到一些稍微棘手或不顺心的事情时，自己不会解决或调节，就很容易变得心情沮丧、灰心丧气。在这种情况下，如果不寻求帮助、及时调整心态，随着时间的推移，这些想法和感受就会变得越来越强烈，最后，会使自己变得很痛苦，扰乱自己正常的生活。

专家支招

青春期阶段，女孩该如何缓解自己的敏感情绪呢？

① 多参加一些活动

敏感的女生要多参加一些集体活动，与同学们多接触多交流，多听听别人对问题的看法。当遇到令自己苦恼的事情或是不清楚的问题时，如果想不出解决的方法，不要总一个人憋在心里，可以试着向身边信任的人诉说一下，征求他人的意见和建议。

② 多读书，读好书

“书籍是人类的朋友”，好书籍也是人类好的老师和向导。平时，在课余时间，可以多阅读一些书籍，比如，有关青春期教育、心理、人格、道德及人生观、价值观等方面的书籍。

③ **对自己充满信心**

人生是一个动态的过程，人生的意义在于这个过程中朝自己的目标不断努力，其过程中的许多成功、喜悦等美好的东西都是值得去品尝、去为之奋斗的，所以不要对生活失去信心，更不要对自己失去信心。

小贴士

及时沟通，解除怀疑

世界上，不被误会的人是没有的，关键是要学会如何排除误会。如果误会得不到尽快排除，就会发展为猜疑；猜疑不能及时解除，就可能导致自怜、自卑。所以如果可能的话，最好同你“怀疑”的对象开诚布公地谈一谈，以便弄清真相，解除误会。如果是误会，可以及时打消；如果是见解不同，通过谈心，了解对方的想法，也是很有好处的。

我只喜欢和家里的小猫玩

如何才能让自己变得开朗起来

青春期来了，我却只喜欢和家里的小猫玩。当同学相约出去爬山的时候，我在和家里的小猫玩；当同学在一起玩排球的时候，我在家里逗小猫玩……由于不开朗，有些同学甚至还有意躲避我。我如何才能变得开朗起来？

女孩的心思

① **小花猫让我离同学越来越远**

念蕊：我家里有只小花猫，已经陪伴我3年了。小花猫可是我的好朋友，没事的时候，我就喜欢和它玩；如果有心事，我也会跟它说一说。或许正是因为这个原因，让我离同学越来越远了。每到星期天，除了写作业，我都会和小猫待在一起。妈妈看我这样，不止一次让我出去找同学玩，可是，我却不愿意去，为什么会这样呢？

② 喜欢小狗有错吗

又巧：这天，我和爸爸出来遛弯儿，在街心公园碰到了几个同学。同学们邀请我一起和他们玩，可是我却拒绝了他们的邀请。我跑开了，小狗跟了过来。爸爸说我太孤僻了，让我多和同学玩。可是，我却不这样认为，难道不喜欢和同学玩就是性格孤僻吗？喜欢小狗有错吗？

③ 我只想和我的花花草草在一起

碧瑶：我喜欢养花草，在家里的阳台上，种了很多的花花草草。每天一回到家里，我都会过来和它们打声招呼，星期天多数时间都是和它们在一起。今天，有个同学打电话来，邀请我和他一起出去玩，我却没有答应。妈妈也建议我多出去活动活动，可是，我却想和这些花花草草在一起。这样做难道错了吗？

科学解析

所谓孤僻，就是我们常说的不合群。孤僻的人一般都不能与人保持正常的关系，经常离群索居。在青春期女孩中，5%～8%的人都出现过这种状态。

孤僻的人一般多为内向型的性格，他们不愿与他人接触，待人冷漠，对周围的人常有厌烦、鄙视或戒备的心理。这种个性的女孩，往往猜疑心较强，容易神经过敏，办事喜欢独来独往，但也免不了为孤独、寂寞和空虚所困扰。

孤僻对青春期女孩的身心健康十分有害。孤僻的人，不仅缺乏同学、朋友的友谊，交往需要得不到满足，内心苦闷、压抑、沮丧，还感受不到人世间的温暖，缺乏群体的支持，整天忧心忡忡。被这种消极情绪长期困扰，也会损伤女孩的健康成长。

专家支招

克服孤僻的方法主要有以下几种：

① 正确评价和认识自己和他人

一方面要正确认识孤僻的危害，敞开闭锁的心扉，追求人生的乐趣，摆脱孤僻的缠绕；另一方面要正确地认识别人和自己，努力寻找自己的长处。

孤僻的女孩一般都不能正确地认识自己，有的自恃比别人强，总想自己的优点、长处，只看到别人的缺点、短处，自命不凡，认为不值得和别人交往；有的则过于自卑，总认为自己处处不如人，交往中怕被别人讥讽、嘲笑、拒绝，从而把自己紧紧地包裹起来，保护脆弱的自尊心。

这两种人都需要正确地认识别人和自己，多与别人交流思想，沟通感情，享受朋友间的友谊与温暖。

② 学习交往技巧，优化性格

孤僻的女孩，应多看一些有关交往的书，学习一些交往的技巧。同时，要多参加一些正当、良好的社交活动，在活动中逐步培养自己开朗的性格。

要敢于与别人交往，虚心听取别人的意见，同时要有与任何人成为朋友的愿望。这样，在每一次交往中都会有所收获，不仅会丰富自己的知识经验，纠正认识上的偏差，还会让自己获得友谊，愉悦身心，重树在大家心目中的形象。长此以往，女孩就会喜欢交往，喜欢结群，变得随和。

小贴士

有的女孩异地上学易导致性格孤僻

有的女孩身处异地，没有父母约束，漫画书、随身游戏机等成为她们日常的消遣；还有的女孩为了缓解孤独，染上了烟瘾或者网瘾。在各方面还没有成熟独立的青春期女孩，很容易被误导而走入歧途。心理专家指出，异地求学，女孩成长中心理上对父母呵护的渴求很容易被忽视。异地求学对适应能力强的女孩是锻炼，但对适应能力差的女孩而言，易导致性格孤僻，甚至走向极端。

同学的爸爸开宝马，我爸只骑一辆二手电动车

为什么总想攀比

青春期，我每时每刻都喜欢和他人攀比，喜欢争第一。看到同学的爸爸开着宝马，而自己的爸爸却骑着一辆二手电动车，我非常自卑；看到人家住着别墅，而我家却住着平房，觉得低人一等……我为什么总是喜欢和他人进行攀比呢？有办法克服吗？

女孩的心思

① 我家怎么买不起宝马

绮芹：这两天我觉得心里很不舒服，为什么？因为，我看到同学爸爸的宝马车。真是太不公平了，都是同学，为什么人家的爸爸开的是宝马，而我爸爸骑的是电动车，而且还是二手的。这么不平等，我该怎么办？让我爸爸也买辆宝马吗？可是，怎么买得起？

② 出生在一个有钱人的家庭该多好

寄云：今天，同学将一个高档照相机带到了学校，据说是他爸爸给买的。看看，人家是什么爸爸，我爸爸呢，只知道在大街上给人修自行车。哎！老天爷真是太不公平了，如果出生在一个有钱人的家庭该多好！

③ 凭什么别人就能住别墅，我却不能

半柔：这天，一位男同学邀请我们班的同学到他家去给他祝贺生日。一走进他们家的院子，我便惊呆了！好大、好漂亮的别墅！这可是我梦寐以求的房子。我还让同学帮我在他们家门前拍了张照片。但我将这张照片拿到爸爸面前的时候，爸爸却不理会。看着他这样不求上进，我很不高兴。凭什么别人就能住别墅，我却不能！

科学解析

在如今的消费市场中，青春期女孩作为一个特殊的消费群体正越来越受到人们的关注。为了追逐潮流，例如，名牌服装、高档化妆品、手机、电脑、数码产品等，许多女孩形成了攀比心理。虽然有些女孩出身于贫富不等的家庭，但她们无一例外，基本上都是靠父母的资助完成学业。

时下，在许多中学里，已经开始弥漫一种攀比、奢侈之风，有些女孩的消费已高出自己的生活所需，但是看到许多同学打扮时髦，在攀比心的驱使下，也开始买名牌服装。女孩作为一个纯粹的消费者，一个月该花费多少钱，已经不仅仅是她个人的事情。

在这个阶段，女孩所攀比的大多是“不该比的东西”。对人生观、价值观尚未定型的女孩来说，热衷于物质与享乐的追求，必将导致品行的变异。

专家支招

怎样改掉攀比心理呢？可以试试以下几个方法：

① 积极反攀比

“反攀比”就是用女孩已有的玩具、物品或者特长来和没有的人比，让女孩知道很多自己有的东西他人反而没有，自己有的专长他人也没有。这样，女孩的心就会均衡一些。要知道，每个人的条件都是不同的，所得到的东西、具有的能力也不相同，有些东西可以比，有些东西不能比。如果你有的东西而其他人没有，心里就会平衡许多。

② 改变攀比兴奋点

女孩有攀比心理，就会想着达到他人同样的水平或者超过他人。女孩要抓住这种上进心理，改变自己比吃、比穿的耗费倾向，指引自己在进修、才能、毅力、习惯等方面进行攀比。事实证明，如果能够将这些做到极致，是可以有效提高自己的综合实力的。

③ 把攀比变成动力

青春期女孩要找好兴奋点，指引女孩将攀比变成动力。例如，如果觉得自己的学习成绩不如别人，可以通过自己的不断努力，提高自己的成绩，继而推动自己不断进步。

④ 自己和自己比

在和他人的相处中，女孩通常会拿自己和他人作比较。总和他人比较，女孩容易缺乏自主性和特殊性。女孩可以和自己比，例如，将自己这一天的表现和前一天比，这个月的表现和上个月比，本学期的表现和上学期比。在比较中，女孩会看到自己的进步：原来不认识的字如今认识了，原来不会骑脚踏车如今也会了……这些比较可以让女孩在赏玩的过程中努力超越他人。

小贴士

正性攀比和负性攀比有差别

根据作用不同，攀比心理可分为正性攀比和负性攀比。正性攀比指的是正面的、积极的比较，是在理性意识驱使下的正当竞争，往往能够引发个体积极的竞争欲望，产生克服困难的动力。负性攀比指的是那些消极的、伴随有情绪性心理障碍的比较，会使个体陷入思维的“死角”，产生巨大的精神压力和极端的自我肯定或者否定。

负性攀比最大的问题在于缺乏对自己和周围环境的理性分析，只是一味地沉溺于攀比中无法自拔，对人对己都很不利，青春期女孩要多些正性攀比。

不就是数学考了满分吗，有什么了不起

如何克服嫉妒心理

最近一段时间，我特别看不起数学课代表，不就是这次期中考试数学考了满分吗？有什么了不起的？看着对方被同学和老师众星捧月般地端着，真想上去撕扯她的头发！

可是，到了夜深人静的时候，我会问自己，为什么自己的妒忌心理这么强？人家也没有得罪我，为什么要跟人家过不去？

女孩的心思

① 走就走，有什么可怕的

春彤：看着数学课代表扬扬得意的神情，我浑身不自在。不就是期中考试得了满分吗？有什么了不起的！我从她身边走过的时候，狠狠地瞪了她一眼。可是，她却说要和我一起走。走就走，有什么可怕的！难道考了满分，还能把我吃了？

② 哎！妒忌心理害人不浅啊

靖玉：这次英语考试，坐在我前面的同学考了满分。我的心里很不好受，等到班长喊起立之后，我偷偷地将他的凳子向后拉了一下。果然，他一屁股坐在了地上。同学们笑得前仰后合，我更是开心极了。可是，他却站不起来了。送到医院之后，才知道，他的股骨头错位了！我吓傻了，爸爸妈妈知道后，狠狠地教训了我一顿！哎！妒忌心理害人不浅啊！

③ 同学得了高分，让我很没面子

采山：在我们小区里，住着我好几个同学。每次家长碰到一起，就会对我们几个孩子谈论一番。这天，我和妈妈出来正好碰到了另一位同学和她的妈妈。我妈一看到人家，就和人家打招呼，问人家要去做什么。对方说：“女儿这次英语得了满分，出去买个礼物犒劳犒劳。”听了她们的话，我急忙跑开了，因为我的英语只考了75分。真是丢人啊！

科学解析

嫉妒是一种不健康的心理，是消极的情感表现。青春期女孩为什么会产生忌妒心呢？大多数人从小都是争强好胜的，希望自己样样都比别人好，可是却不能把想要超过别人与自己不断努力联系起来，而是希望别人不如自己。

随着年龄的不断增长，女孩自我评价的意识逐渐萌芽，但她们的评价是以成人的评价为标准的。嫉妒心理是人类的一种原始情感，是人类活动中动物本能的一种表现并带有普遍性的社会消极心理，会危害人类正常的心理发展。研究证实：嫉妒心理在人类中存在具有普遍性，比我们所观察、所推测、所调查的要广泛得多。

专家支招

嫉妒是一种不良心理，往往损人不利己。那么该如何克服嫉妒心理呢？

① 不要盲目地和别人的长处比较

嫉妒心理往往来源于将自己的短处与别人的长处进行比较。心理学家告诫我们，别人拥有再多也与自己无关。他们的成功并不意味着世界上的“成功人士名额”减少了，因此不能说明我们就成功不了。聪明的女孩，一般都不会盲目地拿自己的短处和别人的长处进行比较。

② 保持“比下有余”的心态

总有人拥有的比你多，也总有人不如你。嫉妒心出现的时候，不妨看看周围那些不如你的人，这样，你就能够对目前所拥有的一切心存感激了。如果自己一个劲儿地和“上面”的人作比较，就比较容易自卑；而如果总是喜欢和“下面”的人作比较，则容易让自己陷入“我最好”的误区，以致不思进取，得过且过。

③ 把握已有的

有些女孩如果没有拥有某种东西，就会妒火中烧。青春期女孩要将视线转移到“我拥有”而不是“我想要”上，从而找到“富足感”。要想想自己有些什么，比如，爱自己的爸爸妈妈、优异的成绩、和谐的人际关系等。

④ 用祝福的心态看待他人

“眼红”的时候，要试着马上改变自己的思路，将嫉妒心转换成对他人的美好祝愿。青春期女孩要多理解别人成功背后的努力、运气和奋斗，真心祝贺他们，用他们的成功激励自己。如果一个劲儿地嫉妒别人，对自己一点儿好处都没有，只能将自己搞得心力交瘁。

⑤ 相信自己

每个人的能力会表现在不同方面，青春期女孩要积极发现自己的特长，明确自己的人生目标，而不要因为别人取得成功而心灰意冷，甚至轻易改变自己的方向，相信自己一定会走出一条属于自己的成功之路。

第七章

情绪

不可理喻的我

到了青春期，很多女孩的情绪都会陷入极度的不稳定中。有些女孩会感到压力大，有些女孩回答问题的时候老是脸红，有些女孩会经常失眠，有些女孩会变得喜怒无常，有些女孩甚至还会产生厌世情绪……该如何消除这些不良情绪呢？

- 热爱学业，积极思考。
- 建立自信，克服自卑，不要藐视自己、仰望别人。
- 将不良情绪宣泄出来，巧妙进行自我美化。
- 让自己拥有乐观的生活态度，善于理智控制自己。
- 大声哭出来，找个人倾诉。

压力好大啊

如 何 正 确 面 对 压 力

青春期来了，学习紧张了。每天，我们都在废寝忘食地学习，可是成绩依然上不去，压力实在是太大了。以至于上课老走神，睡觉总失眠……为了让自己的成绩尽快提上去，我也想摆脱掉这种感觉，可是，用什么办法才能排解这些压力呢？

女孩的心思

① 表姐给我很大的压力

靖玉：一直以来，爸爸都以表姐作为我的榜样，让我向她学习。表姐是一个优秀的律师，据说小时候学习特别优秀。只要爸爸一提到表姐，我都会感到一种无形的压力。今天，表姐来我家了，这种压力更大了。说实话，我是非常喜欢表姐的，可是这种压力却压得我喘不过气来！

② 这种压力更会压得我喘不过气来

采山：马上就要参加中考了，我想考重点高中，这既是自己的愿望，也是爸爸妈妈的心愿。可是，这段时间我的压力实在太大了。睡不好觉，吃饭不香，总是郁郁寡欢。我知道，这样下去会影响复习。可是，怎么办？当我看到同学们都在加班加点地学习的时候，这种压力更会压得我喘不过气来。

③ 我的天哪！这种压力快将我挤扁了

寒蓉：自从见到老同学之后，我爸整天都在说，希望我考上重点高中，这样，长大后就可以和他的这位老同学一样有出息了。开始的时候，他只是随便说说；后来，则变成了整天唠叨。我非常理解他，知道他也是为了我好。可是，这种不停的絮叨，却给我增添了无尽的压力，不仅让我学习效率下降，而且还弄得隔三差五地生病。我的天哪！

这种压力快将我挤扁了。

科学解析

所谓压力，是指外界的各种刺激对身心所引起的不良影响。

压力的表现方式因人而异，初期症状包括心理和生理两方面。生理的症状主要包括：头疼、疲劳、失眠、消化不良、颈痛或背痛、食欲差或暴饮暴食等。心理的症状主要包括：紧张、焦虑、愤怒、消极、悲观、怨恨、易怒、玩世不恭和无法集中注意力等。

青春期女孩正处于紧张的学习阶段，由于课业繁重，压力问题日益突出。虽然说，轻微的压力可以轻松消除，随时间淡化，或因个人感受不同而逐渐转化为一种推动力，增加进取心。可是，过重的压力却会引起不安、暴躁等情绪变化，对身体造成很多不良的影响，所以女孩要学会正确面对压力。

专家支招

在日常生活中，如何来调节各方面的压力呢？其实，青春期女孩完全可以从小事着手来消除紧张情绪，缓解压力。

① 热爱学习

学生的天职是学习，青春期女孩要从主观上树立热爱学习的精神，排除对学习的抵触情绪。当我们能够将自己的全部精力都投入学习中去的时候，不仅有利于学习成绩的提高，还有利于将不良的情绪排解掉。这样，不但可以减少学习的压力，也可以减少人际关系的压力，何乐而不为？

② 积极思考

为了排解不必要的压力，要进行积极的思考。思考的问题多了，思想自然就会开放，压力感也会降低。青春期女孩要停止消极的想法，重新审视身边的事物，变消极为积极。同时，还可以为自己设定一个计划，做一些有趣的事情。

③ 坚持运动

研究发现，运动是一种消除压力的好方法。青春期女孩要为自己制订一个锻炼计划，包括：固定的锻炼时间、锻炼方式和锻炼频率。如果能够长期坚持下来，女孩就会从压力的氛围中解脱出来。如果我们能用一种轻松愉快的心情去面对事物，成功的概率也会大一些。

④ 注意饮食

在强大的精神压力下，有些女孩会暴饮暴食，有些女孩会食不甘味。其实，要想缓解自己的压力，完全可以从调节饮食开始。要有计划地多吃一些能促进健康的食物，安排食物的时候，数量和种类要合理搭配，不能挑食，不能偏食。

⑤ 扩大交往

事实证明，与人交往能够有效缓解精神压力。当我们在和他人交往的时候，精神会处于放松状态，然后再投入学习，可以有效提高学习效率。青春期女孩要努力扩大社会交往面，建立良好的人际关系，从而促进自己不断进步。

⑥ 适当放松

为了减缓自己的压力，可以选择一些放松的方式进行调节，比如，从事雕刻、听音乐等，都是很好的放松方法。还可以约朋友一起出去打打篮球、散散步、骑骑自行车、逛逛公园……都是不错的选择。

⑦ 向专业人士求助

如果上面的这些减压方法都不起作用，可以向专业机构或人士求助，例如，心理咨询师或心理热线的工作人员，让这些专业人员来提供减压方法，对缓解压力很有帮助。

小贴士

青春期压力大影响大脑发育

人脑中的海马区在记忆和学习中发挥着重要作用，它的大小可以作为衡量脑细胞间关联程度的指标。在通常情况下，人脑海马区中突触体素水平在18~20岁时达到最高值。研究发现，当生活紧张时，突触体素水平在相应年龄段内不会出现正常攀升。

回答问题老脸红

女孩害羞，怎么办

青春期来了，我发现自己害羞了。上课的时候，每当老师让我站起来回答问题，我都会脸上一阵红。怎么会这样？这在以前是从来没有过的。为了让自己在同学面前有面子，如何才能克服掉这种害羞的情绪呢？

女孩的心思

① 我觉得不好意思了，脸上更热了

水卉：今天，在化学课上，老师让我上台写一个化学公式。由于没记住，结果写错了。老师让我站在一边，看其他同学怎么写。我觉得很难堪，脸刷的一下红了。就连自己都感觉到了，其他同学当然能看到。等我坐到座位上的时候，同学问我："脸怎么那么红！不就是一个公式吗？课下好好记记不就行了！"我呢？被他这么一说，更觉得不好意思了，脸上更热了。

② 哎！丢死个人

如玉：今天，和爸爸一起出门的时候，遇到了爸爸的老同学张伯伯。张伯伯和我说话，我却低着头，脸红了。张伯伯看我还是那样害羞，也就不再勉强。爸爸让我改改这个“坏毛病”，我却不知道该怎么办？我也觉得，回答别人问题时总是害羞，有点儿问题，可是我能怎么做呢？哎！丢死个人！

③ 害羞的性格，让我在同学面前感到很没面子

如双：由于回答问题的时候经常会脸红，同学们便给我起了一个绰号——红脸妹。每次只要我一被老师点名，同学们都会幸灾乐祸地看着我，有些人还会嘴里悄悄地嘟囔：“红脸妹。”我天生就害羞，自己也努力改正过，可是，就是没有效果。难道，就这样让同学叫我“红脸妹”吗？多没面子啊！

科学解析

一般来说，女孩进入青春期后开始注重自我意识，表现之一就是注重别人对自己的评价。而过于害羞的人常常担心自己被人否定，会想象自己的一举一动都像在别人的放大镜下，时时刻刻都在接受别人的批判。

有些女孩气质内向，虽内心活动丰富，但不擅长表露自己，在大庭广众之下和陌生环境中尤其如此，常常显得紧张、拘束而感到手足无措。有些女孩自卑感强，觉得“我不如人”。有这种念头作怪，就会对自己缺乏信心，总觉得自己低人一头，临场中难以建立起精神优势。有的女孩缺乏锻炼，一遇到生疏环境，或是没有经历过的场面心情就会紧张。比如，聚会时大家让她表演节目，而她从来没有表演过，众目睽睽之下，她就不免会害羞起来。

专家支招

青春期女孩如何让自己不害羞呢？

① 对自己降低标准

有些女孩对自己的要求过高，一旦达不到目标就会觉得难为情，感到脸红。这时，只要不对自己的表现有过高的要求，降低标准，就可以了。

② 和同学主动交往

有些女孩之所以会感到害羞，主要是不敢与人交往。为了消除自己的害羞情绪，要经常主动与同学交往，循序渐进，先与一两个同学接触，慢慢扩大范围。时间长了，就不会感到害羞了。

③ 相信自己

有些女孩一说话就脸红，是因为对自己不自信。要想克服掉这种不良习惯，就要克服自卑的情结；不要藐视自己，不要仰望别人。

④ 正确面对挫折

有些女孩一遇到挫折就会感到难为情，对于这种情况，要培养自己面对挫折的能力。遇到挫折不要灰心，要明白这是在锻炼自己，不管他人是什么反应都不要太介意。

小贴士

害羞时为什么会脸红

脸红是受头脑指挥的，我们的视觉和听觉神经都集中在头脑里。当我们看到和听到使我们害羞的事情时，眼睛和耳朵就会立即把消息传给大脑皮质。大脑皮质除了与有关的部位联系外，同时还会刺激肾上腺，使肾上腺作出相应的反应，分泌出肾上腺素。肾上腺素少量分泌的时候，能够使血管扩张，特别是脸部的皮下小血管，于是脸孔就出现发热发红的现象。

哎，又一次没考好

怎样摆脱消沉情绪

分数分数，学生的命根。升入初中之后，面临的考试更多了。老师和家长都是通过成绩来评价我们的，考砸了该怎么办？这次成绩又考得不理想，不敢回家，不敢让家长签字；没脸面对科任老师，没脸吃饭……哎！真是太消沉了！怎么办？

女孩的心思

① 这种挫折感让我提不起精神来

寒青：这次数学我只考了85分，比上次的成绩还要低1分。为了提高成绩，我也努力了，可是，怎么会这样？同样付出了努力，为什么别人就能考出好成绩，而我却反而下降了？这种挫折感让我提不起精神来。

② 分分分，让我在妈妈面前失信了

代夏：我跟妈妈保证过，这次一定给她考个好成绩，可是，我的物理只考了75分。上面的题目本来都会做的，失分的地方都是由于自己太粗心了。或许是由于自己过于紧张，或许是由于其他的原因，反正这次要在妈妈面前失信了！我感到很难为情！

③ 在没有打起精神之前，还是先将这些零食吃掉吧

思蝶：这次数学成绩考得不理想，在回家的路上，我到超市买了很多零食，打算回家吃。我坐在书房里，有一搭没一搭地吃着，一点儿写作业的心思都没有。我知道，自己的脑子比较笨，我也努力了，可是，成绩怎么一点儿都没有进步呢？没办法，在没有打起精神之前，还是先将这些零食吃掉吧！

科学解析

进入青春期后，有些女孩成天闷闷不乐，打不起精神，对什么事情都没兴趣，对生活缺乏热情和积极性。低落情绪产生的原因是因人而异的，可能有：对“应激源”产生的反应；在学习或生活中遭受了挫折；受到了他人的挖苦或讽刺；莫名其妙的情绪低落等。

事实证明，如果长期感到郁闷和情绪低落，会降低智力水平，引起行动迟钝和精神疲惫，进取心丧失，严重时还会使自我控制力和判断力下降，意识范围变窄，影响正常行为。可见，郁闷和低落的情绪会给人带来非常大的危害。

专家支招

如果长期陷入郁闷或情绪低落状态，就要掌握一些技能，让自己摆脱这种情绪的困扰。下面提供一些调解低落情绪的有效方法供参考。

① 自我暗示

研究发现，人的体力、智力和情绪都是有周期的，也就是说体力有充沛和虚弱的时候，智力有反应敏捷和迟钝的时候，情绪有激昂和消沉的时候。因而，一个人有时候可能会出现不明原因的情绪低落。这时候，你的敏感性往往会增强，即使是一件小事，也会很在意，总感觉周围的人或物在与自己作对。这种情况下，便可以暗示自己：“这几天可能正是我情绪周期处于低落的阶段，过几天会自然好起来。”

② 将不良情绪宣泄出来

为了摆脱消沉的情绪，要学会宣泄。当你受到挫折或心中气愤时，可以到野外或在不妨害社会和他人的场所尽情地大喊大唱、大笑大哭，还可以找一些事物作为你发泄的对象。其他的宣泄方式还有很多，比如：谈心、写日记等。

③ 巧妙进行自我美化

自我美化指的是个体用来避免自尊心受损或增加自尊感的过程和结果。当行为结果的评价性反馈有损于自尊时，可以有选择地接受反馈信息。例如，当考试成绩不理想时，可以这样归因："这次主要是自己没有发挥好。"

④ 将自己的注意力转移

当意志出现消沉的时候，可以把自己的注意、思想和行为转移到其他方面。可以把令你高兴的事一条条地列在一张纸上，并且边写边尽自己的努力反复进行想象，沉醉于当时愉快的情景中，这样便会使你乐以忘忧，从而感到前途依然是光明的。当消极情绪出现时，还可以听听自己喜爱的音乐，在优美的旋律中放松心情，让自己的心情变得舒畅起来。

小贴士

饮食也能改变心境

平衡饮食可以有效缓解一些忧郁情绪，比如：富含锌的鱼类、麦片等食品能够改善心情；香蕉是抗忧郁的最好的"解药"，因为其中富含一种被称为"好心情剂"的复合胺；富含钾、镁以及铁等元素的食品，如南瓜子或葵花子等，可以有效地改善忧郁症患者的心情；面食可以提高血糖水平，可以让人感觉良好……除此之外，女孩还可以多吃一些有健脑活血作用的食物，比如，鱼类、蛋类、豆制品等，也有利于调节情绪。

翻来覆去睡不着
失眠了该怎么办

最近晚上总是睡不着，即使躺在床上，也是翻来覆去。由于不能按时睡觉，睡眠不足，上课的时候总是晕晕乎乎的。有时候，同桌看到我的样子还会笑我。哎，真没面子！如何才能让自己不失眠呢？

女孩的心思

① 依然睡不着！我该怎么办啊

冰筠：哎呀！最近几天怎么老是睡不着啊？已经过12点了，再不睡明天可就起不来了。为了让自己早点儿入睡，我甚至还用东西将眼睛蒙住了，可是，天哪，依然睡不着！去和妈妈要颗安眠药吗？可是，明天早上起不来怎么办？我该怎么办啊？

② 看来，我又要失眠了

亦蝶：今天，我和老师发生了矛盾。晚上，躺在床上，我辗转反侧，白天发生的一幕又像演电影似的出现在了我的眼前。明明是同桌将废纸丢到地上的，老师还向着她，哎！谁让咱长得不漂亮呢？就连班主任也喜欢漂亮的女生……我努力不让自己想这些事情，可是……看来，我又要失眠了。

③ 睡不着觉，怎么办

之芙：最近几天，不知道是什么原因，晚上总是睡不着。好几次，两个眼皮都打架了，可依然睡不着觉。究竟是怎么回事啊？如果老是这样，第二天怎么上课？有什么办法能够解决这个问题呢？

科学解析

青春期失眠都是由哪些因素引起的？目前，在生活中，造成失眠产生的具体诱因可分为多种：有的是因为睡眠环境嘈杂而失眠，有的是因为特殊生理时期而失眠，还有的是因为压力大、生活规律紊乱而失眠，等等。

青春期女孩的身体处于转变阶段，而紧张的学习、频繁的考试、高考的最后冲刺，加之来自家庭、社会各方面的压力，都会引起女孩失眠。在多种因素的作用下，如果没有一个健康的心理适应过程，非常容易导致神经性失眠。

专家支招

失眠对于女孩来说是一件痛苦的事，但是，如果采取积极的办法，还是可以有效改善和早日摆脱掉的。

① 积极寻找失眠的原因

很多女孩之所以会失眠，主要是因为长期心情不好或者压力过大造成的，比如，学习受到一定程度的困扰和打击，一时很难解决。这时候，你要坚强起来，面对现实，寻找解决的办法，不管结果如何，在这个过程中你都会获得新的感悟和认识。同时，还要学会倾诉，把自己的心事告诉值得信赖的亲人或者朋友，聆听他们对事情的看法，如果有适合的建议不妨学来做做。

② 睡前避免喝咖啡、饮料等

有些女孩喜欢喝咖啡、茶、饮料等，这些都会使大脑处于兴奋状态，从而影响睡眠。如果长时间辗转难眠，可起床做些轻松活动，因为继续躺在床上只会使你更加紧张、更难入睡。

③ 睡不着也不要想太多

有些女孩之所以会失眠，是因为想的事情太多了。事实证明，想得多容易产生焦虑、忧郁的情绪，形成恶性循环。对于已经发生的事情，女孩要学会正确面对；对于没有发生的事情，不要乱想。

④ 可以采取一些物理疗法

为了缓解失眠，可以采取一些物理疗法，比如，体育锻炼，早上慢跑15～30分钟，要持之以恒；吃完晚饭以后，出去散散步；睡觉之前，喝一杯牛奶，用热水泡泡脚；养成规律的睡眠习惯和作息时间……这些对睡眠都是有帮助的。

⑤ 暗示心理作用也非常重要

很多患有顽固性失眠的女孩通常都有一种错误的思维方式——“我今天有点儿烦，

又要睡不好觉了”，这样的暗示，只能让我们越想越烦，更加睡不着。其实，从某种意义上来说，在睡眠的过程中，睡眼是标，睡心是本。只有先把“心”安下来，才能做到一觉到天亮。

小贴士

睡前喝杯热牛奶

为了让自己早点儿入睡，可以在睡前饮一杯加糖的热牛奶。研究表明，这样做，不仅能增加人体胰岛素的分泌，促使人脑分泌可促进睡眠的血清素；同时，牛奶中含有微量的吗啡样式物质，具有镇定安神作用，可以有效促使人体安稳入睡。

我怎么变得这样喜怒无常

如何调整自己的情绪

青春期来了，我变得喜怒无常了，遇到高兴的事情，就会哈哈大笑；遇到不开心的事情，就会异常愤怒。有时候，本来挺开心的，可是一转眼就变了脸色。同学们都说我太喜怒无常了，有些同学甚至还远离了我。我该怎么办？该如何来调整自己的情绪？

女孩的心思

① 如何平复自己的不良情绪

依松：最近几天，不知道怎么回事，真是有点儿喜怒无常。刚开始还高高兴兴的，几分钟之后，就会郁闷至极。同学间的一点儿小事，也会让我感到郁闷至极。究竟是怎么回事？难道到了青春期都是这样？我该如何平复自己的这种不良情绪？

② **哎！好郁闷**

安珍：今天，我和妈妈发生了矛盾，妈妈说我这段时间太情绪化，看不准我的脾气。她说，都有点儿不了解我了。唉！我也挺郁闷的！

③ **我怎么会变成这样？悲催**

南荷：今天，同学和我开玩笑，我却生气了，真的！这在从前是从来都没有发生过的，以前我都和同学相处得不错。我怎么会变成这样呢？悲催！我怎么自己都不了解自己了呢？

科学解析

情绪是随着认识活动而产生的一种心理过程，具有较大的不稳定性或冲动性。随着青春期第二性征的出现，女孩会出现一系列的生理和心理机能变化。这时，情绪的不稳定性就表现出来了。

研究发现，情绪对人的身心健康影响很大，积极健康的情绪，比如，愉快、欢乐、适度的紧张等，对人体都是有好处的。不仅可以增加心脏的输出量，促进血液循环，还能够使人精神振作，增强大脑工作能力。而消极的情绪会引起心理疾病。

情绪是心理活动的核心，对身心健康有重大的影响，因此女孩要学会自觉地调节和控制情绪，这是心理保健的重要内容。

专家支招

伤心、悲痛、愤怒、焦虑等消极情绪引起的生理变化，对于身体是非常不利的。因此，青春期女孩要懂得情绪在保护心理健康中所起的重要作用，学会自我调节和控制情绪。调节和控制情绪的方法主要有这样几种：

① **拥有乐观的生活态度**

不管遇到什么困难和挫折，都要以乐观、积极的态度去面对，相信问题总会有办法解决的，从而勇敢地面对现实，努力进取，永不放弃，对前途充满信心和希望。持这样的乐观态度，女孩就会产生积极的情绪。

② 适当地发泄积存在心中的不良情绪

如果有了不良情绪，就要及时发泄出来，比如，可以向知己倾诉自己的苦恼和忧伤等。这样做，有助于消除心中的烦恼、压抑，从而达到心平气和的状态。事实证明，这种发泄对心理健康是有益的。

③ 保持适当的紧张和热情

紧张是一种情绪。适度紧张能有效提高学习效率，比如，考试时产生的紧张情绪，能使大脑功能达到高效状态；平时上课或做某件事时，也需要保持适当的紧张。张弛调节适度，也会使生活更有节奏和情趣。

④ 善于用理智控制自己

女孩的种种要求和愿望都应符合社会道德和规范，否则就要用理智加以控制，不能苛求社会与他人满足自己的一切愿望，这样做对维持心理平衡、培养健康情绪是没有好处的。

小贴士

什么是情绪障碍

情绪障碍是一种心理异常的表现，通常指的是一个人经常有过分超越社会规范的行为。青春期女孩的情绪障碍具体表现有：容易陷入孤独；情绪两极化，不稳定性增强；心灵上了“锁”，易出现自闭倾向；行为易冲动，有较强的敌对情绪和愤怒情绪……青春期女孩要对自己多加留意，如果发现自己有了这些症状，就要及时调整缓解。

真是无聊透了

有了空虚情绪怎么排解

已经上初三了，学习更加紧张了。可是，这几天我却一点儿学习的心思都没有，就连自己喜欢看的小说也懒得读，更别说是做其他事情了。不管是什么事情，我都感到特无聊，没什么意思。我怎么会产生这种不健康的厌倦情绪呢？该如何处理呢？

女孩的心思

① 对所有的事情都提不起兴趣来，这是怎么回事

又松：这几天，没事的时候，我经常会站在窗户边上，看着外面。要不，就坐在那里发呆。我感到没事可做，对所有的事情都提不起兴趣来，这是怎么回事？

② 无聊无聊，真是太可怕了

妙雪：今天，放学回到家里，我既不想写作业，也不想做其他的事情。真是太空虚了！怎么办？我也想找些事情来做做，可是，每每都是刚做一小会儿就会放弃。怎么会这样呢？太可怕了。

③ 无聊透了，惹火了妹妹

若香：这天，我一个人无事可做，便逗弄起鱼缸里的小金鱼来。就这样，拿出来、放进去，没过多长时间，30多条小金鱼就让我折腾得奄奄一息了。妹妹回来后，和我大闹起来，这可是她的最爱。妈妈也说我无聊透了！我狠狠地看了她们一眼，然后便打开门走了出去。

科学解析

空虚心理是指一个人的精神世界一片空白，没有信念，没有寄托，百般无聊的精神

状态。很多青春期女孩也会出现空虚的状态，她们不爱学习，宁可把大量的时间花在打游戏、看小说和电视等上面。这些女孩所谈论的不是学习和人生理想，而是吃、穿、用等物质享受，讲攀比，摆阔气。

由于受到不良社会风气的影响，一些女孩丧失了正确的人生观和价值观，在“人生几何”“及时行乐”“有钱就幸福”“学有何用”等错误观念的影响下，放弃了学习，在没有精神支持的情况下，人自然而然就会感到空虚。

有些女孩来自单亲家庭，从小得不到家庭的温暖，心灵受到创伤，看不到前途和光明，自觉低人一等，于是自暴自弃、自我贬低起来。

有些女孩对学习感到厌倦，开始厌学。学习是女孩的主要任务，如果一个女孩对学习都感到厌倦，还会去干什么呢？只会处于空虚和无聊之中了。

专家支招

空虚不仅会使女孩荒废学业，有的女孩由于受到社会不良分子的影响，甚至走上犯罪道路或上当受骗。那么，该如何克服自己的空虚情绪？

① 树立正确的人生观和价值观

正确的人生观和价值观可以有效消除空虚的不良情绪。女孩可以看一些名人的传记，主动向他们学习，看看他们的青春时代是如何度过的，从而对前途与理想有一个正确的认识，树立起正向的人生观和价值观。

② 培养对学习的兴趣

中学是女孩打基础的时期。这时候，女孩的主要任务是学习，如果女孩对学习有了兴趣，就不会有空虚感了。如果学科知识基础太差，跟不上学校的学习进度，可以请家教利用假期或休息时间补一补课，把断了的“知识链”及时连接起来。当学习成绩提上去了，当对学习产生了兴趣，女孩就会将心思都用到学习上，又怎么再会感到空虚和无聊呢？

③ 培养健康的业余爱好

业余爱好虽然是业余的，但作用不可小觑。有很多人就是通过业余爱好走上成功之路的。青春期女孩也要培养一些业余的兴趣爱好，既可以丰富自己的业余生活，又能学得一技之长，还可以充实自己的生活，让自己不被空虚困扰。

④ 制订学习目标和生活目标

有了目标，就有了奋斗的方向，有了精神追求，人就会远离空虚感。青春期女孩要为自己设定一个学习目标和生活目标，让自己有所求。在设定目标的时候，可以将大目标分解成几个小目标，一一实现。

小贴士

提高心理素质，应对空虚

面对空虚，青春期女孩要积极提高自己的心理素质。有时候，即使生活在同一个环境中，但由于心理素质不同，有人遇到一点儿挫折便偃旗息鼓，感到空虚；有人却能在面对困难时毫不畏缩，始终勇敢面对。因此，有意识地加强自我心理素质锻炼，就能将空虚及时地消灭在萌芽状态。在你和空虚顽强斗争的时候，请记住普希金的这句诗："生活不会使我厌倦。"

我想哭

心里不好受时，能哭出来吗

摸底考试成绩出来了，不理想！我已经付出很多努力了，怎么会这样？我感到非常委屈，真想大声哭一次，发泄一下。可是，我又不想被同学看到自己脆弱的一面，更不想让家长担心。心里不好受，能哭出来吗？

女孩的心思

① 太不公平了！我蒙着被子哭了

凡莲：今天，我和同桌发生了矛盾，还吵了架，被老师叫到办公室教训了一顿。本来这件事情不怪我的，可是，老师却将我们两个人“各打五十大板”，理由是两人一起扰乱了正常的教学秩序。我感到很委屈，回到家里，便蒙着被子哭了。太不公平了！

② 将心中的不满宣泄出来，轻松多了

知珍：这次班里举办学习委员的选举，我的各科成绩本来都是最好的，可是，同学们却没有选我，而纷纷将选票投给了我的死对头——李敏！理由是，李敏开朗大方、乐于助人、能够和同学打成一片；而我敏感多疑、吝啬小气、比较孤立……我感到很冤枉，放学后便找了个没人的地方痛哭了一场，将心中的不满都宣泄了出来！然后，便觉得轻松多了。

③ 妈妈怎么能冤枉我

小柔：今天，妈妈的钱包里少了500块钱，她硬说是我拿了。我没有拿，当然不承认了，可是，她却打电话给我们班主任，让她好好管管我。天哪！多丢人啊！我都没脸去上课了。等到下午爸爸回来之后，才知道这笔钱是爸爸拿的。妈妈见冤枉了我，急忙向我道歉。可是我呢？我一把推开门走了出去，一个人在路上泪水滚滚流下来……

科学解析

青春期，很多女孩都会有心理闭锁的问题。她们不愿意将自己的心事告诉别人，尤其是对父母和老师过度地干涉自己的事情感到十分反感。可是，要知道，闭锁的心灵如果不及时打开，就有可能引发爆炸。

长期地压抑情绪，心理压力得不到释放，会加重紧张、烦恼、易激怒等消极情绪，

甚至引起生理功能的紊乱，比如，失眠、无食欲、头疼、呕吐、心慌等现象。因此，为了维持生理和心理平衡，青春期女孩要打开“心灵之锁”，敞开心扉，给心理减减压。当某种情绪产生以后，无论喜怒哀乐，都要学会用适当的方式把它宣泄出来。

愤怒时，可以做些消耗体能的运动，比如，打球、跑步、登山等；情绪不安时，可以找要好的朋友聊一聊；痛苦时，可以大哭一场，哭过之后，心里会好受得多。

专家支招

如果消极情绪过多地堆积在心底，心理负荷过重，就可能发生生理疾病或心理疾病。长期地压抑自己的情绪，想哭不哭，想笑不笑，也会影响身心健康。在现实生活中，宣泄的方法有很多，人与人因个体差异和所处环境、条件各异，采用的宣泄方式也不同，常见的宣泄形式主要有：

① 大声哭出来

从医学角度上讲，哭是人类的一种本能，是人不愉快情绪的直接外在流露。短时间内的痛哭是释放不良情绪的最好方法，是心理保健的有效措施。研究认为，哭泣时，眼泪可以将人在紧张、痛苦、悲哀时所产生的有害毒素排出体外，起到缓解心理紧张和痛楚的作用。

② 声声叹息和怒吼

长吁短叹是人们对情绪的一种十分有效的调整，不仅能够增加肺活量，加快血液循环，使身体处于松弛状态；还能强化神经，使大脑兴奋和抑制失调状况得到改善，有益于机体内环境的调节和稳定，使机体肺腑功能得到充分的发挥。如果你心情压抑，可以用这种方式来缓解。

③ 找个人倾诉出来

当遇到不愉快的事情时，不要自己生闷气，不要把不良情绪压抑在内心，应当学会倾诉。一个人总会有几个知心朋友，当产生不良情绪时，可以和同学说一说，把自己积郁的消极情绪倾诉出来。或者也可以找老师、好朋友等，将自己的苦闷倾吐出来。

④ 娱乐一下

舞蹈是一种很好的宣泄方法。研究发现，舞蹈不仅是人生的一种直接的表达和呼唤，而且它本身就是人生存在的一种具体的方式。舞蹈的造型感和节奏感可以激发起人们深刻的审美意识和丰富的情感体验，对身心健康大有益处。伴随着动感的音乐，尽情地舞动，能让人忘掉一些烦恼，陶醉在肢体舞动当中。

小贴士

写日记——记录内心独白的一种好方法

把你心中的不快诉诸笔端，是一种很好的宣泄方式。在人的一生中，总该留下一些记忆，无论是喜悦还是悲伤，都可以洋洋洒洒地写下一段。写日记，将思绪转化成条理性文字，可以化解悲观失望情绪，有助于澄清自己的思想，反省自己的言行。为自己写下日记，不必担心他人的大惊失色，也无须担心自己的秘密被他人知晓，真实地记录下内心世界，自由地抒发内心感情，心里就会平静许多。

我怎么老想对妈妈发脾气

怎样控制自己的暴躁脾气

这段时间，我的脾气越来越大了，总想向妈妈发脾气。稍微有点儿不如意的事情，就会冲妈妈嚷嚷。妈妈当然感到很委屈，可是，我是她的女儿，又能怎么样？难不成还要将我打一顿。安静下来的时候，我也会为自己的暴躁脾气而恼火，我不想顶撞妈妈，可是该怎样控制自己的暴躁脾气呢？

女孩的心思

① 看着妈妈僵硬的表情，我慌了

幻丹：这几天，不知道怎么搞的，老想发脾气，一件小事也能将我心中的火点起来。早上，妈妈让我吃了早饭再去学校。由于有急事，所以我急着就要走，可妈妈还在一个劲儿地让我吃饭，我的火气一下上来了："跟你说了，我有事！怎么一天只知道吃吃吃！……"妈妈听了我的话，不再坚持。看着妈妈僵硬的表情，我慌了！怎么能这样对妈妈说话呢？

② 我真傻，又犯了一个错误

凡雪：星期天，我和同学约好了去图书馆。可是，我在图书馆门前等了足足一个小时，她还没有来。我生气了，拿起手机，便说："你怎么这么不讲信用啊！耍猴呢？"接电话的是一位老人："×××昨天晚上发高烧，现在在医院……"下面的话我没有接着听。我真傻，又犯了一个错误！

③ 事情过去之后，我感到很后悔

紫凝：今天早上，数学老师将我叫到他的办公室，训了我一顿，因为我这次考试成绩不理想。我心里本来挺不高兴的，又被训了，便狠狠地一摔门出去了。办公室的窗户被震得轰轰响，我几乎能听到其他老师的感叹声。事情过去之后，我感到很后悔！怎么能那样对老师呢？

科学解析

进入青春期后，女孩的独立意识、自我意识及对异性的意识开始逐渐增强。这个年龄的女孩情绪容易波动，常常会出现一些莫名的苦闷和烦恼，无端地发脾气。这些现象可以说是女孩青春期特征的具体表现。

科学家发现，女孩在青春期的异常脾气表现完全是一个正常的生理现象，因为女孩的中枢神经系统正处于高速生长的阶段。科学家说："11岁左右的女孩，正处于大脑前额叶皮层发育的阶段，大量的神经连接正处于‘改造’之中，而大脑前额叶皮层对感情、道德等情绪有影响，并负责产生行动的神经冲动。大脑的其他部分，在这一年龄之前基本发育完毕，前额叶皮层是大脑最后发育的部分，发育过程伴随整个青春期。”

因此，青春期女孩就会有感情判断失常、举止暴躁等表现，如果能够顺利度过这一阶段，就会一切恢复正常了。

专家支招

怎样控制自己的暴躁脾气呢？一般来讲，最好的解决办法就是及时沟通。

① 和父母沟通

青春期，女孩的独立意识增强，不愿受父母过多的照顾或干预，易产生厌烦的情绪；对一些事物的是非曲直的判断，不愿意听从父母的意见，并有强烈的表现自己意见的愿望；对一些传统的、权威的结论持异议，往往会提出过激的批评之词。

可是，由于社会经验、生活经验还不足，女孩还需要从父母那里寻找方法或帮助，所以一旦有问题、有情绪时，可以静下心来与父母坦诚地交流一下，道出自己的心声，让他们了解你的想法，让他们尊重你、平等地对待你。

② 要尊重父母的意愿

青春期女孩要尊重父母的意愿，理解父母的良苦用心。不管他们用哪种方式和你说话，初衷都是好的，只是采取的方式不是你喜欢的而已。你可以试着与父母共同协商，找到更适合你的方式，一同解决青春期面临的问题。

③ 与同学的交流必不可少

同龄人可能和你面临一样的困惑，如果主动地敞开心扉，真诚地与朋友交流，他们会很乐意和你畅谈，因为他们一样需要倾诉和倾听。研究发现，很多伟大的友谊都建立在青春期，因为在这个时期，独立和张扬并存，忧郁和喜悦同在，倾诉和倾听并存，认同和肯定同在，这个时期建立起的友谊为彼此个性的塑造起到了非比寻常的作用。

小贴士

月经也会让女孩变得暴躁

对于女孩来说，引起暴躁的情况很复杂，这里有一个月经问题。月经来时，女孩通常都会情绪低落，暴躁易怒，很容易失去理智，再加上女孩天生敏感，出现一点儿细微的不适，就会感觉失落空虚。为了弥补这种情感的需要，女孩通常会用莫名其妙地发脾气来寻找安慰，让别人看到伤心的自己。特别是对父母及最亲的人，女孩的反常举动会更直接地表现出来。

活着真是没意思

如何远离厌世的情绪

青春期来了，我突然发现，自己会产生厌世的情绪。我不仅经常会和同学说“活着真没意思”，也将这种消极情绪写到了自己的日记本里，甚至还想过如何才能痛痛快快地自杀……这种想法多危险啊！可是，似乎很多女生都有过这样的情绪。为什么会出现这种状况呢？如何才能让我远离厌世的情绪呢？

女孩的心思

① 真想出家当个尼姑

绿烟：这段时间，妈妈一直都在督促我学习，我都不想在这个家里待了。我真想到泰山找家寺庙出家当尼姑，清心寡欲，这样就没有那么多的烦恼了。我该怎么办啊？

② 活着真没意思

凝彤：这几天，看着自己成绩一点点下降，我的学习劲头递减。如果能够摆脱掉这些繁重的学习任务该多好！可是，这是不可能的。活着真没意思，还不如死了，一了百了，清净！可是，真能这样吗？

③ 与其这样不被理解，倒不如离开人世

寻亦：最近这段时间，我在网上看了很多资料，都是关于亲子关系的。很多人都说我们当女孩的不理解父母，可是又有几个父母理解我们呢？与其这样不被理解，倒不如离开这个人世。

科学解析

青春期是人生的转折期，女孩的心理尚未成熟，容易产生挫折感，由此有些女孩会觉得这个世界无望，继而产生厌世情绪。

现在，厌世的女孩有增加的趋势。她们认为，活着是一件很不快乐的事，自己活着很多余，很无奈，很无辜，很不幸。虽然她们的年龄不大，可是对社会、父母、自己早已绝望了，只要一谈到生命、生活，她们就会振振有词，常情绪激昂地告诉你她们对社会和生活的厌恶。

从某种意义上来说，青春期女孩之所以会悲观厌世，不仅与她们的童年经历有关，与环境的压力导致的心理危机有关，还和她们的个性有关。如果小时候受过打击，心情长期处于压抑之中，长大后就会变成一个厌世主义者。如果女孩在批评、指责、打骂和严厉约束的环境中长大，受消极反叛者的影响，也可能会变得很悲观。

专家支招

如果女孩给自己设定的目标太大而不能实现，也会产生消极心理，继而导致悲观厌世情绪的产生。那么，如何才能消除这种厌世的情绪呢？

① 打破自己思维的坚冰

青春期女孩要多做一些思考，打破思维定式，从而避免自己出现孤僻厌世的行为。青春期女孩要多和父母谈谈自己的想法，积极进行探讨，找到问题，及时纠正。

② 给自己戴一副“有色眼镜”

这里的“有色眼镜”是指要多观察生活中美好的一面。要想改变悲观厌世的情绪，就要从改变自身做起。要拥有好的心态，保持乐观的生活态度，快乐时不吹嘘，艰苦时不气馁。

③ 进行心理咨询

女孩的悲观与抑郁症只有一墙之隔。当女孩对自己的心理问题无能为力的时候，要让家长带自己去做心理咨询，让专业人士提供一些有指导性的意见。

小贴士

改变自己对生活的态度

一个人对待生活的态度直接决定其心情，例如，面对停电，有些人会抱怨连连，有些人的心情会变得很不好，而有的人却会利用这个机会，点燃一支蜡烛，享受一顿别致的晚餐。在许多极端情况下，很多人在遭受意外事故之后并没有变得消沉，而是将此作为新的开端，在此过程中对生活有了更好的理解。

第八章

叛逆

对着干，真有趣

青春期是一个叛逆的时期。在这个阶段，女孩会做出很多令父母不解的行为，比如，将头发染上颜色，将裤子剪成一条一条的，喜欢追星，偏科，不想上学，比较叛逆等。其实，这些情况的出现都是有原因的，如果掌握了具体的方法，是完全可以克服掉的。

- 穿衣要符合自己的身份，要注意自己气质和修养的提高。
- 培养良好个性，做好心理保健。
- 不盲目追星，不疯狂追星。
- 经常给自己以成功的体验，不要“强迫”自己学习。
- 不要在网络中寻求慰藉，要信任家长。

我要把裤子剪成条条

将裤子剪了才能凸显个性吗

现在，为了追赶潮流，很多青年人都将自己的裤子故意弄出个洞洞，说这叫追求个性。我也想将自己的裤子改改样子，可是当我将裤子剪成一条一条的时候，却受到了同学们的白眼，老师更是对我“另眼相看”，还打电话通知了爸爸妈妈。为了凸显个性，为什么就不能将裤子做些修改呢？

女孩的心思

① 老师找我谈话了

北辰：今天，老师找我谈话了，原因是我将自己的裤子剪成了一条一条的。老师说，学校不允许学生穿奇装异服，明天来时换掉。这可是我精心设计的，怎么能说换就换呢？我当然不乐意，可是老师的话是不能不听的。最后，我决定，在学校时穿正规的裤子；放学回到家里后或者周末的时候，穿我的条条裤。

② 在书店，我得到了高度的关注，都是因为裤子

贝莉：今天，我坐公交车去书店。一进书店，便吸引了众人的目光。一个工作人员总是跟在我后面，可能是担心我偷他们的书吧！买书的同学都纷纷看我，有的甚至还向我撇撇嘴，或许他们心里也在嘀咕：一个这样另类的人，也爱看书！哎！看来大家都误解了！

③ 冤啊

贝丽：今天，我去超市买东西。出来的时候，报警器却响了，我被带到了保安室。我大喊冤枉，可是，对方从头到脚对我看了个遍，说：“说吧，东西放到哪里了？要不，我伸手了！”我知道，一定是我的条条裤引起了对方的误解。可是，这能怪谁呢？

科学解析

青春期不仅是女孩生理、心理、智力、才干发展的重要时期，也是个性形成的关键时期。个性是一个人身上经常表现出来的那些稳定的、本质的心理特征，与智力发展、神经系统的类型及情感活跃程度有关。一个人的个性形成，是以先天素质为前提，通过后天的熏陶、影响和在受教育的长期过程中逐渐塑造而成的。

青春期是人生的黄金时期，是女孩的人生观、世界观、人格形成的重要时期，是女孩走向成熟、走向独立、走向社会的转变阶段，也是长知识、长身体的重要时期，因此青春期是个性形成的有机组成部分。

个性的形成主要靠后天的环境影响和教育。虽然说，先天遗传素质是人个性形成的物质基础，但只有良好的遗传素质，没有良好的环境影响和教育也是不会形成良好的个性的。当然，这种环境影响和教育从女孩一出生就开始了，但青春期对人的个性形成、发展的作用是不可忽视的。

专家支招

青春期女孩应如何来培养自己的良好个性呢?

① 培养良好个性

性格是个性最重要、最显著的心理特征。青春期是培养性别角色意识的关键时期。女孩要注意避免出现性格异性化，确立正确的个性取向。

进入青春期后的女孩，不仅会重新认识自我，而且会重新认识周围的人和事。因此，必须抓住这个时机养成正确的人际交往、待人接物的方式，愉快地接纳自己的身份，按照男女不同的性别角色及各自特点，培养良好的个性。

② 进行自我调节

青春期的到来给女孩带来了前所未有的心理体验。有些女孩不仅表现为情绪烦躁不安，心情矛盾抑郁，而且还表现出了心理障碍。

有些女孩在个人的个性心理需要与客观社会道德规范相矛盾时，在得不到倾慕者的理解而受到打击时，会变得心情抑郁、自卑，这种心理状态如果长期得不到调节，有可能会造成心理变态，出现对异性的厌恶和排斥。因此，要对自己的个性心理进行及时调节，使自己保持情绪稳定，心理平衡，心情愉悦。

③ 做好心理保健

青春期女孩开始进入性成熟时期，有些女孩出于好奇，被黄色书刊、录像等所诱惑，出现情绪激动、精神委靡、思想呆滞等问题，有的甚至还出现了单相思、神经衰弱、性敏感，以及青春期精神分裂症等心理疾病。

健康的心理是个性形成与发展的最基本条件，要想培养健康的个性，就要从做好心理保健开始。

小贴士

给自己多些激励

为了让自己个性更加积极，青春期女孩要学会克制性生理冲动，转移注意力，将注意力放在学习上。这对于处于青春期的女孩来说，无疑是一种激励和鼓舞。让自己能够进一步看到美好未来。青春期女孩要更加积极上进，充满信心，对自己提出更高的要求，同时通过新的努力，用新的自我激励达到新目标。事实证明，这种激励作用可以直接影响女孩的积极进取、乐观向上、富于理想和创造性个性的形成和发展。

只要是与鹿晗有关的我都喜欢

如 何 看 待 青 春 期 追 星 的 问 题

青春期来了，我们的心里都有自己的偶像。有的同学喜欢迪丽热巴，有的同学喜欢刘昊然，而我却喜欢上了鹿晗。我对鹿晗是这样的迷恋，不仅购买了他的所有唱片，观看了他拍的所有电影，还给自己买了他经常佩戴的饰品……只要是鹿晗喜欢的，我都喜欢。可是，有人却说，青春期追星对我们的发展不利。那么，究竟该如何来看待追星这种现象呢？

女孩的心思

① 我真是太迷凤凰传奇了

朝雨：最近一段时间，班上的很多同学都迷上了TFboys组合，我也这样。我在网上下载了一些TFboys的歌曲，没事的时候就会打开MP3听听。在上学和放学的路上，更是这样。有一次，我上课的时候偷着听，没想到忘乎所以地跟着哼唱起来。老师发现后，没收了我的MP3，真是可怜啊！同学们都笑话我，我是不是太迷恋TFboys了？

② 真是太危险了

琛丽：我非常喜欢吴亦凡的歌曲，每天上学的路上都要听听。今天早上我去上学的时候，由于听得太过投入，竟然闯了红灯，差一点儿被车撞上，幸亏司机来了个急刹车。司机探出脑袋，大声嚷了句：“不要命了！”我吓得倒吸了一口气！天哪，真是太危险了！

科学解析

在青春期，很多女孩都会陷入追星的怪圈。为什么会出现这种情况呢？

◆慕拜心理。青春期女孩所追的星，男的大多是阳光、可爱、英俊的少年；女的则是美丽大方、温柔可爱的女孩。这些人会让处于青春期的女孩羡慕、迷恋、崇拜，甚至疯狂。

◆从众心理。在女孩中，追星现象很普遍，势力也很大，有些本来没多大心情追星的女孩，为了不被看作“落伍”，不被视为“异端”，也会不自觉地加入其中。

◆时尚心理。在很多女孩看来，“追星”是一件时髦的事，至于有没有道理、有没有价值，何必管那么多？只要有“星”可“追”就足够了。

青春期女孩正处于自我发现和自我确立的时期，需要一个模式来参照，这些明星偶像就成了女孩心中的理想载体。由于正处于好幻想的时期，当自己的很多想法无法实现时，女孩们就会借助对偶像的崇拜来达到心理的平衡和补偿，所以追星对青春期女孩来说是一种正常的心理需求和行为表现。

专家支招

青春期女孩追星，需要把握分寸：

① 不盲目追星

追星不能盲目！你所崇拜的应该是真正值得你崇拜的，他们要确实具备真才实学且技艺超群，而不是徒有其表，他们的作品应该能震撼你的心灵。如果想追星，也要找些真正具有实力的星来追，多学习他们身上的优点和良好品格，从而督促自己不断健全自己的人格。

② 不疯狂追星

有些女孩会把大量的时间和精力用在追星上。其实，追星没有什么可夸耀的，更不能成为你生活的全部，只把追星当作紧张忙碌的学习之余的一个消遣放松就好了。如果为了追星，而让自己整天都紧张兮兮的，就得不偿失了。

③ 摒弃狭隘心态

女孩们所崇拜的偶像有同有异，不能因为偶像的不同，就对别的同学持排斥甚至敌对的态度；也不能因为别的同学不认同你的偶像，而心生不满。青春期女孩应该求大同存小异，要用开放的心态对待不同人的不同偶像，才是理智追星。

④ 善于从偶像身上吸取积极的人生经验

追星只是女孩青春期的一段经历，不同时期会喜欢不同的偶像，女孩可能会喜欢一个偶像1年、3年、5年，或者更久；要从这些偶像身上吸取积极的人生经验，千万不要在追星中失去自己。

小贴士

理智追星

现在的女孩学习的担子越来越重，在闲暇时间，关注一下娱乐新闻，听听自己偶像的歌，看看他们的电影或电视剧，这对于学业压力大的女孩来说，无疑是一种很好的放松方式。事实证明，放松后重新投入学习中时，学习的效率会更高，效果会更好。可是，需要说明的是，青春期，我们不反对追星，但要理智追星，要把追星当作一种娱乐方式。

我就是不想上物理课

偏科，怎么办

我有些偏科，最不喜欢的就是物理。刚开始的时候，仅仅是成绩不理想，到了后来，索性连物理老师也讨厌起来。即使是在路上，只要一见到物理老师，我都会夺路而逃。最后，我都想逃课了……怎么办？如何才能摆脱自己的这种情绪呢？

女孩的心思

① 讨厌的英语课，逃逃逃

晨曦：从初一开始，我的英语成绩就不理想。上了初二之后，我对英语更是深恶痛绝，而且，渐渐地开始讨厌这门课。后来，我索性一到英语课就偷偷地溜出来。等到英语课下了之后，再返回教室。英语老师知道了我的行为，找我谈话，可是他越是这样，我越讨厌他！

② 数学课，怎么能让我喜欢你

晨旭：从小学开始，我的数学成绩就不好。上了初中之后，我更感到吃力了。数学老师找我谈了几次话，可是，我反而对数学更加提不起兴趣。每次上数学课的时候，我都想，如果能够逃出去该多好！数学课，怎么能让我喜欢你！

③ 化学课，简直太讨厌了

初然：我就搞不明白了，为什么非要让我们学化学？有什么用？难道不懂化学就不能生活了吗？虽然老师上课讲得挺明白的，可是一做作业我就不会做。讨厌的化学，难道让我逃课吗？讨厌的化学老师，怎么老是盯着我？

科学解析

偏科是青春期女孩中常见的一种现象。很多女孩有了越来越强的自主性和自我意识，喜欢上的课就好好学，不喜欢的就不爱学。对学科喜好的不定性，也是她们这个时期的特点，上学期特喜欢历史，这学期则可能最喜欢地理。

形成偏科的原因是多种多样的：有的女孩从小就喜欢阅读，语言能力较强，加上小学时强化的写作训练，对语文情有独钟；有的女孩头脑反应迅速，能够轻松解决理科问题，对需要大量背诵、书写的文科则感到枯燥无味，有的女孩由于不喜欢所教科目的任课教师，进而影响到听课态度，从而反映到学习上的偏科。一旦女孩出现了偏科，如果得不到正确的帮助和引导，往往会越是偏科，越容易走入厌烦该科的恶性循环。

专家支招

青春期女孩该如何应对偏科呢？通常来说，不同的情况要区别对待：

① 一科突出，其他平平

有些女孩只有一科比较突出，其他科目的成绩都不理想。对于这种情况，女孩要积极加强优势科目的学习，通过优势科目，树立信心，认识到自己有学习好其他科目的能力，进而逐渐提高对其他科目的兴趣，并逐渐加大对其他科目的学习投入。

② 文科或理科突出，另一方面较弱

有些女孩只擅长文科（或理科）。这种偏科，可以针对较弱的科目加强学习方法和学习兴趣的研究。对于文科，首先要从语文入手，让自己有充分的时间阅读，培养对语文的兴趣，进而喜欢写作。读得多了，知识面就宽，写作时才有话可说。

如果数学不好，就要把补充基础作为重点，牢牢掌握基础知识，在确保自己对简单的题目完全掌握后，逐步提高难度。

③ 一科较弱，其他都较强

有些女孩只有一科比较弱，其他的都比较强。这个相对容易解决，只要加强这门科目的学习，找到正确的学习方法就可以了。需要注意的是，不能盲目对弱势学科进行补习，过多的补习可能会加强对该科的厌烦情绪。特别是大班的补习，针对性不强，可能效果并不佳。

对于弱势学科，要养成良好的学习习惯，培养兴趣。可以针对这一科目制订一份可行的计划，不要急于求成，用一段较长的时间逐步提高。

④ 对已偏科的初三女孩

这时候的偏科，往往是顽固性的或实质性的。由于有中考的淘汰限制，好的科目再想得到更高分，难上加难。如果能在弱势科目中加把劲儿，往往会产生事半功倍的效果。

对于弱势学科，一定要加强基础性的学习，保证自己的得分率。要加强应试能力的训练，找准考点及得分技巧。如果能够突破弱势科目的最薄弱环节，往往能够带来单科成绩的突飞猛进，进而提高整体成绩。

小贴士

“偏科”给青春期女孩带来哪些危害

偏科往往会对女孩其他的科目造成一定的影响，甚至造成整体成绩都跟着下降。一旦出现偏科现象，如果不及时做好引导，往往会使女孩感到烦躁和厌倦，进而产生对学习的厌烦情绪，很可能影响到其他学科的学习。例如，语文不好，缺乏良好的阅读理解能力，就会影响对政治、历史试题的分析、判别等。有时候，偏科也会降低学习信心。因为某些科目学不会，该科的成绩就会越来越下降，渐渐失去学习的信心，时间一长就会对该科产生排斥心理。

退学，离开学校多好啊

有了退学的想法，怎么办

升入初三之后，我突然有了退学的念头。现在，就连大学生毕业了都不好找工作，等到我毕业不是更找不到工作了吗……可是，退了学，该做点儿什么呢？我也经常这样问自己。最后，我还是决定不退学了。可是，有了退学的想法，该怎么办呢？该如何消除这种不良情绪呢？

女孩的心思

① 好想退学啊

初阳：最近一段时间，我感到很苦恼，或许是由于学习压力太大，或许是由于同学关系相处得不好……反正，我就是不想来学校。每天我都怀着一种极不情愿的心情来到学校，每次放学的时候都会有一种放飞的心情！什么时间能离开学校啊？

② 爸爸说我没事吃饱了撑的

楚楚：今天，我将自己想退学的想法告诉了爸爸妈妈。他们感到很奇怪，问我为什么？我说不出具体的原因，爸爸说我吃饱了撑的！因为，我所在的这所学校可是市里最好的学校，其他人想进还进不来呢。我该怎么办啊？

③ 我怎么就不能像表姐一样

楚洁：在我的亲戚中，我最佩服我表姐了。虽然她只有初中学历，可是却将自己的企业经营得有声有色。我想退学，像表姐一样创业。可是，妈妈却不同意，理由是我没有表姐的闯劲儿。我怎么就不能像表姐一样，真是太不公平了！

科学解析

厌学是女孩对学习的一种负面情绪表现，从心理学角度讲，厌学症是指女孩消极对待学习活动的行为反应模式。厌学的女孩，不是对学习认识存在偏差，就是在情感上消极地对待学习。

厌学情绪和逃学行为是一对孪生兄弟。厌学情绪是逃学行为的主要原因之一，而逃学行为则是厌学情绪的极端表现。

在童年时期，由于女孩在生活上完全依赖父母，所以多数女孩对父母的管理往往表现得非常顺从。有些女孩为了得到父母的欣赏会努力学习，其学习动力主要来自父母的态度。

进入青春期后，随着女孩对父母依赖性的减弱、自身独立意识的增强，为父母而学的学习目的随着成长逐渐失去激励的作用。因此，在青春期阶段，不正当的激励反而会给女孩增加心理压力，导致厌学情绪的产生。

有些女孩认为，因为自己学习不好，所以自己没有什么价值，不如到可以让自己感受到价值的地方去体会价值感，于是出现逃学现象。其实，这是一个问题的不同表现，都是女孩自尊水平不高的直接体现。

专家支招

退学是女孩学习活动中的一种“病症”，会严重影响学习活动的顺利进行，对青春期女孩的健康成长有很大的危害。那么，如何才能防止女孩产生退学的想法呢？

① 经常给自己以成功的体验

如果不想厌学或者退学，首先就要给自己一些成功的体验，让自己体验到成功的乐趣。青春期女孩要想提高自己的学习兴趣，首先要使自己尝到成功的滋味。要经常给自己一些成功的体验。当女孩体会到成功的兴奋时，便会对学习多一些兴趣。

② 不要“强迫”自己学习

如果对自己学习逼得太紧的话，女孩会变得比较焦虑、不耐烦。在潜意识里，女孩会对学习产生反抗的情绪，会变得容易遗忘，会把刚刚学过的东西也忘掉。所以，青春期女孩不要强迫自己去学习。

③ 注意自我赞美和鼓励

女孩必须懂得，适当的自我赞美会对学习起到很大的鼓励作用。相反，自我批评过多，会使自己情绪低落，学习时更易犯错误。因此，如果自己作出了一定的成绩，就要给自己一些表扬和鼓励，从而促进自己有效进步，比如，可以买个毛绒玩具送给自己。

④ 建立和谐的师生关系

师生之间应该民主、平等、积极合作，努力为课堂上的交往创造和谐的心理气氛。事实证明，良好的师生关系有利于学习兴趣的产生。为了让自己喜欢上学习，可以从师生关系入手。如果师生关系不好、同学关系欠佳，怎么还会有心思学习呢？怎么会不想退学呢？

小贴士

在生活中，人们常把退学和厌学联系起来。厌学可以表现为很多种形式，比如，变得不爱上学，不愿见老师，甚至每到上学前就喊“肚子疼”“头痛”等。有的女孩不愿做作业，一看书就犯困，即使在没有外界干扰的情况下，注意力也常常不能集中；有的女孩虽然也在看书，却“看不进去”；有的女孩不愿大人过问学习上的事情，对父母的询问常或者保持沉默，或者表现烦躁，或者转移话题；有的女孩上课时常打不起精神，课后却十分活跃，表现为“玩不够”。退学是厌学的一种极端行为，厌学严重的女孩，就有可能会选择退学。

就是和你顶！

和妈妈顶嘴，不是胆子大

青春期来了，我学会了顶嘴。在学校和老师顶，在家里和爸爸妈妈顶，甚至对爷爷奶奶，我也会口出狂言。这样的情况，在以前是没有过的。是不是随着年龄的增长，我的胆子变大了。真是难以理解！青春期，我为什么会经常和家长顶嘴呢？如何对待这件事情呢？

女孩的心思

① 爷爷奶奶，怎么这么不理解我

春雨：今天，吃晚饭时，奶奶将饭给我端进了书房。当时，我正在写作业，思路立刻被打断了。我没好气地说：“干什么？饿了我会出去吃！”奶奶说担心我饿着。我说：“我知道了，出去出去！”然后，我便将门重重地锁上了。他们怎么这样不理解我呢？

② 我怎么喜欢上了和妈妈顶嘴了

淳静：这几天，不知怎么搞的，妈妈只要一说话，我就想和她顶。我知道，这种做法不对，可是一听到妈妈对我唠叨，我就想顶撞一番。妈妈见我这样，感到很恼火，也很伤心，可是我也不是故意的，怎么办？我怎么就喜欢上和妈妈顶嘴了？不可理喻！

③ 和爸爸顶嘴，被人说成是“坏女孩”

小美：今天和爸爸出去买东西的时候，爸爸让我帮他拎一个购物袋。可是，我却不乐意，顶嘴说：“你一个大老爷们，难道连两个购物袋都提不动！”这时候，一个小女孩从我身边走过，嘴里嘟囔着：“敢和大人顶嘴，坏女孩！”我狠狠地瞪了她一眼，小女孩扮了个鬼脸，快走几步赶上了前面的一位中年妇女。我是“坏女孩”吗？和爸爸顶嘴，就不是好孩子吗？

科学解析

进入青春期后，一些女孩开始和家人顶嘴。其实，这是女孩的“心理断乳期”的正常体现，是一种正常现象。

青春期女孩随着接触范围的扩大、知识面的增加，内心世界丰富起来，非常容易对父母产生“逆反心理”。很多女孩认为自己已经长大了，对社会、对人生有着与父母不同的看法，不需要父母处处管自己，于是与父母时时顶嘴，事事抬杠。据统计，爱顶嘴的女孩约占70%。

专家支招

如果发现自己开始经常和父母顶嘴，女孩一不要害怕，二要注意方式。那么，在与父母顶嘴的时候，女孩到底该如何做才是正确的呢？

① 要冷静，不要轻易顶撞父母

当女孩想和父母顶嘴时，首先要保持冷静，要控制住自己的情绪。如果这时候女孩和父母顶起牛来，必定会激化矛盾。很多时候，女孩之所以要和父母顶嘴，并不是为了把父母压下去，而是想通过这种方式让父母改变最初的想法。如果女孩能够平心静气地和父母好好聊一聊，事情可能就会出现转机。同样，如果父母从你这里得到了尊重，也会对你多一些理解。

② 尊重父母的爱女之心

有些女孩经常会不分方式、不分场合地顶撞父母。其实，这样做非常容易伤害父母的感情，渐渐引起父母内心的不满。如果能够和父母多一些沟通，矛盾定然能够用一种缓和的方式加以解决。爱顶嘴的女孩一般都有见识、有内涵、有智谋，只要正确处理好和父母的关系，是很容易将事情处理好的。任何一个父母都是爱自己的女儿的，一定要尊重父母的这种爱。

③ 父母有理时给他们申辩的机会

青春期女孩要在家庭中发扬民主，对父母怀有异议时，不要顶嘴，在认真倾听父母的理由后，再将自己不同意的理由说出来，不要一棍子打死。这样做不仅可以让不同的意见得到交流，也可以进一步形成融洽的亲子关系，使家庭氛围处于和谐的状态中，对发展女孩的个性也是非常有利的。

④ 把阻力变为动力

女孩和父母之间并不存在谁胜谁负的问题，可是，很多女孩都忽视了这一点。女孩之所以要和父母顶嘴，无非是为了让父母知道自己的意见。

其实，这不过是父母与女孩之间教育和反教育的问题，如果方法得当，父母是很容易接受女孩的意见的。青春期女孩要不断完善自己的思想，把顶嘴带来的阻力变为促进自己进步的动力，从而促使自己不断进步。

小贴士

青春期女孩，对父母多些理解

· 多些宽容，遇事不要斤斤计较，父母是最爱我们的人，也是我们最爱的人。

· 换位思考，不要动不动就和父母顶嘴，要多站在父母的角度思考，体谅父母的难处。

· 主动沟通，平时要多与父母聊一聊在校的事情，和父母说说心里话，让父母了解你的内心想法。

· 有错就改，青春期女孩不要隐瞒自己的错误，要让父母帮助我们改正错误，因为父母是我们最好的朋友。

我就是要按照自己的想法做

我为什么这样不听话

青春期来了，我的思想独立了，做事情的时候，经常会按照自己的想法做，听不进爸爸妈妈的意见。有时候，甚至妈妈越反对，自己越要拧着干。青春期，我为什么变得这样不听话？如何改变这种现状呢？

女孩的心思

① 为什么就不能按照老师的提议来呢

小丹：今天，数学老师将我叫到办公室，说："这道题你虽然做对了，可是方法有点儿烦琐。如果能够按照老师讲的，会简单很多。"可是，我没有听他的，而是依然我行我素。只要做对了不就行了，管他什么方法？于是，我依然按照自己的解题思路来。

数学老师又提醒了我几次，我依然按照自己的想法来。怎么回事呢？

② 这些人也真多事

小红：星期天，我和爸爸妈妈去给爷爷祝寿。妈妈让我穿一身体面的衣服，可是我却执意要穿一身自己喜欢的衣服。最后，妈妈没办法，只好随我了。到了爷爷家之后，奶奶却将我叫到一边说："一个女孩，怎么穿得像个假小子！"怎么了？我难道就不能坚持自己的喜好吗？这些人也真多事！

③ 为什么会出现这种情形

小彤：升入初二之后，我发现自己越来越不听话了。爸爸让我早点儿起床，我偏要晚起5分钟；妈妈让我先吃饭再写作业，我偏要写完作业再吃饭；奶奶让我赶快洗澡，我硬要看完电视再洗……怎么会这样？其实，我并不想违背大人的意愿，可是只要一听到他们对我说话，我就不想按照他们的意见来。为什么会出现这种情形呢？

科学解析

进入青春期后，虽然女孩对万事万物都还处于懵懂状态，缺乏适应社会环境的独立思考能力、感受力和行动能力，可是却经常会摆出一副自己已经长大的样子，认为父母的那一套已经过时，自己不需父母的教导，不愿听父母啰唆。这时候，女孩的自我意识逐渐加强，处处要体现"自我"的存在，不管做什么事请，都要按照自己的想法来。

其实，这是女孩独立性的一种体现。进入青春期后，随着生理和心理的发育，过去在父母眼里"长不大的女孩"，正处在一个重新获得自我认识的阶段，女孩会通过各种方式尝试证明自己有主见，不再是以前那个总是依赖父母、完全听父母话的小女孩了。

专家支招

青春期女孩渴望独立，但如何更好地发展自己的独立能力却需要每一位女孩学习。

① 积极培养自控能力

过于固执，一个重要的原因就是缺乏自制能力。女孩要在日常生活中有意识地培养自己的自控能力，从一些小事情入手，比如，不要按照自己的想法来，要多考虑父母的意见。这样，在不知不觉中，女孩就会改变自己的固执了。

② 认清固执的危害

有些固执的女孩只知道由着自己的性子来做事情，并不知道那样做的各种危害。要将固执的各种危害从轻到重逐条列出来，认清固执造成的各种不良后果，从而改变自己的行为。如果自己一意孤行，同样的一件事情，很可能会出现完全不一样的结果，一定要引以为戒！

③ 做一个睿智的接受者

青春期女孩，要做一个聪明的接受者。和父母说话的时候，不仅要说出自己想说的，还要让父母将自己的意见表达出来。不管做任何事情都要把握好度，当家长的意见合理时，要做一些合理的让步。这样，既可以满足自己的某些愿望，又可以为父母留面子。

④ 学会换位思考

青春期女孩，要学会换位思考，多站在他人的立场去想问题。比如，面对吃饭这件事，你或许会选择喜欢吃的来吃，可是，父母就不会这样认为。如果能够学会换位思考，就会理解父母的良苦用心了。事实证明，同一件事情从别人的立场去想，可以有效避免固执己见。

小贴士

及时表态

当家长的语言使你不能接受时，或当家长的语调让你不能忍受时，可立即作出明确表态，告诉他们：“在家里，每个人都应受到尊敬。”这时候，不要夸大事实，要清楚地告诉家长：你所谴责的对象是“粗鲁的语言”，而不是家长。有时，你也可以采用委婉的方式处理问题，比如，可以用取笑的语调说：“你这样说，真的是指那件事吗？”从而提醒家长用礼貌的方式与你交谈。

哼，再说我，我就不回来了

想离家出走怎么办

处于青春期的有些女孩由于各种各样的原因而选择了离家出走。现在，各种新闻媒体经常会出现这样的消息。面对整天唠叨个不停的妈妈，我也想使用这种方法来对付她。可是，当我离开了家，爸爸妈妈一定会着急的。处在走与不走之间的我，该如何解决自己的问题？有了离家出走的念头，该如何应对呢？

女孩的心思

① 好烦啊，真想离开这个家

笛韵：升入初中之后，爸爸妈妈就对我管教得严格了。尤其是在学习上，更是如此。每天早上都要督促我早起床，即使星期日也是这样；每次只要考试成绩不理想，都会唠叨半天，其实我已经尽了最大的努力……好压抑啊！真想离开这个家。

② 原来，同学们都有这种想法

典丽：这几天，我有了离家出走的打算。我和班里的一位同学说起了自己的想法，没想到她也有这种想法，已经有一段时间了。后来，经过多方了解，原来很多同学都有过离家出走的打算。怎么会这样呢？如果真的离家出走了，该怎么办呢？

③ 离家出走，我感到害怕了

蝶梦：今天是星期天，我收拾好了东西，打算离开家一段时间。可是，当我坐上北上的列车时，心里害怕起来。妈妈担心怎么办？遇到坏人怎么办？最后，在火车开出一站地的时候，我下了车，然后买了返程的车票，回到了家里。

科学解析

青春期女孩在学校里难免会遇见不顺心的事情，早恋被老师和父母干涉，学习成绩不好无颜面对老师和父母，和同学的人际关系处理不好……在种种压力之下，想离家出走的女孩不在少数。

处于这个时期的女孩往往对自己格外关注，性格也最为敏感，一旦遭遇他人的否定，就会难以承受、无法面对，进而她们就选择离家出走。

中学时期，由于学习负担过重产生厌学情绪，形成逆反心理，有些女孩便以逃学或出走的形式表现出来。

专家支招

青春期女孩离家出走是一个不容忽视的社会问题，只有加以重视，“悲剧”才能有效避免。

① 理解父母，尊重父母，与父母成为朋友

很多女孩之所以会离家出走，就是因为和父母的关系处理得不好，觉得父母不理解自己，处处为难自己。其实，如果女孩能够耐心倾听父母的心声，父母自然就会对你多一些理解。女孩和父母之间的关系在交流中就会变得亲密、友好。有了宽松和谐的亲子关系，女孩怎么会离家出走？

② 注意自己的心理变化和需求

青春期女孩要让自己拥有自立自强的精神，要有参与感、成就感和荣誉感。一旦出现了严重的毛病和缺点，要学习寻找解决的办法，自觉改正错误。同时，可以接受一些挫折和磨难教育，吃一些苦。家里较难的家务，女孩能做得到的，就要去做，从而培养自己的勇气、自信心、责任感。可以说，只要女孩意志坚强，离家出走是不会发生的。

③ 不到不健康的场所活动，不看不健康的文艺作品

青春期女孩对很多东西都非常好奇，要去有益于身心健康、增长智慧的各种活动场

所，多看一些适合自己的文艺佳作，在玩乐和学习中增长知识，享受生活。有了这些精神产品，吸收了正向的精神力量，离家出走就不会发生了。

小贴士

不要离家出走，即使有千万个理由

在崇尚个性的今天，女孩越来越个性化，更敢作敢当，但是，这并不意味着“离家出走”是明智的。你的出走，会给父母带来深深的伤痛，给老师带来无尽的失望。也许，你觉得父母对你太过苛刻，老师对你太过严厉，但是，我们完全可以把这些转化为一种前进的动力，而不是逃跑、躲避。离家出走，这看似潇洒的行为，却隐藏着无穷的孤寂与心酸。青春期的女孩不要离家出走，即使有千万个理由。

第九章

禁区

我只是很好奇

青春期女孩要知道，有很多的禁区，是我们不能涉足的。那么我们该如何应对呢？难道，仅仅去除好奇心就可以了吗？当然，不是！

• 接受法制教育，学会自我保护。

• 接受学校的教育，认识帮派的危害，听取老师的教诲。

• 让师长做个陪练，引导我们正确的方向，接受网络安全教育。

• 丰富自己的业余生活，与亲友、老师、同学建立良好的人际关系。

• 树立正确的人生观，不轻信。

女孩抽烟真个性

抽烟，危害有很多

当今的社会崇尚个性和自由，很多女孩都觉得手里点燃一支烟，这种感觉真的很酷，在同学面前，更是面子十足。这段时间，我们班上的几个女生也学会了抽烟，我也想试试。可是，如果自己上瘾了该怎么办？青春期，迷上了抽烟，该怎么办呢？

女孩的心思

① 好女孩为什么就不能抽烟

丁兰：今天放学之后，在几个同学的怂恿下，我也点了一根烟抽起来。不巧的是，正好被路过的爸爸看到了。爸爸虽然当着同学的面没有说我，可是回到家之后却狠狠地训了我一顿，说什么好女孩不能吸烟。我就不明白了，好女孩为什么就不能抽烟？

② 不会抽烟，让我在同学面前很丢分

冬梅：今天，有个女同学过生日，我们几个同学一起去给她庆祝。玩闹的时候，有个女生突然提议说抽烟玩玩。由于当时没有大人在场，他们就一根接一根地抽开了。我不想抽，他们笑话我，最后一个同学帮我点燃了一根烟，可是刚吸了一口，我就“咳咳咳”咳嗽起来，好丢人啊！

③ 烟烟烟，让人又爱又恨的东西

端静：这天表姐来我家玩，我怂恿她抽支烟。可是，表姐吸了烟之后，就咳嗽不止。怎么回事？难道就因为这一口烟？是我害了表姐吗？天哪！可是我怎么吸着就没事！

科学解析

大量的研究资料表明，吸烟是目前影响人类健康最严重的一种不良行为。而且，在

最近几年，女孩吸烟者逐渐增多，有些女孩沾染上了这种不良的嗜好。

女孩为什么会吸烟呢？原因有很多，有些女孩是感到吸烟好玩，有些女孩是在烦闷和无聊的情绪下开始吸烟的，有些女孩是为了解乏和解困，有些女孩感到吸烟是一件很舒适的事情，有些女孩是由于受到香烟广告的影响才沾染上吸烟的，有些女孩则是刻意模仿父母、兄长、朋友或亲戚吸烟……

处于青春期的女孩，好奇心很重，而且承受着巨大的学习压力，有些女孩就学会了吸烟。

专家支招

为什么老师和家长都不允许青春期的女孩吸烟呢？为什么在烟盒上还会印有“吸烟有害健康”的警告呢？这一切都说明，吸烟确实会对吸烟者产生很多的危害。可是到底都有哪些危害呢？具体来说，主要有这样几个方面危害，需要引起青春期女孩的注意：

① 影响女孩的正常发育

目前，通过现在的技术，从香烟的烟雾中可以分离出大约1200种有害物质，比如，尼古丁、焦油、亚硝酸、一氧化碳等。如果长期吸入这些物质，会对人体造成多方面的影响。青春期的女孩新陈代谢旺盛，各器官系统还未成熟，正处于生长发育阶段，对有害物质的吸入比成人更快更容易，吸收后受毒害会更深，比如，降低免疫功能、破坏呼吸器官天然防御功能等。因此，为了减少香烟对身体的毒害，青春期女孩要远离烟草。

② 引起某些严重疾病

吸烟会对呼吸系统造成严重的危害，且吸烟越早，受到的危害越大。资料显示，从儿童时期就开始吸烟的，慢性支气管炎发病率高，发生肺心病的平均年龄也早。12岁前开始吸烟的人，肺癌的发病率要比不吸烟者高出17倍，比15～19岁吸烟者高出10～15倍。严重者还会引起某些疾病，导致劳动力的丧失。

③ 降低吸烟者的学习能力

通常来说，每支香烟的含铅量可以达到0.8μg，血铅含量如果超过正常范围，会影响女孩智力的发育，直接影响女孩脑力、学习能力的养成。吸烟还会影响到大脑的供氧能力，长期吸烟会让女孩出现头痛、头晕、乏力，记忆力、思维能力下降等问题，从而降低学习能力。

④ 浪费钱财，容易堕落

青春期女孩通常都没有直接的经济收入，生活主要依附于家庭。如果长期吸烟又无经济来源，在家长不能或不愿供给时，为了获得足够的钱，有些女孩甚至走上了以不正当手段获取香烟的道路，对她们的身心健康会造成严重的危害。

小贴士

尼古丁的危害有哪些

香烟中的尼古丁是主要的成瘾源。资料显示，吸入纸烟烟雾中的尼古丁只需7.5秒就可以到达大脑，使吸烟者获得一种轻柔愉快的感觉。尼古丁在血浆中的半衰期为30分钟，当尼古丁低于稳定水平时，吸烟者会感到烦躁、不适、恶心、头痛，此时吸烟者往往会渴望吸一支烟以补充尼古丁。那么，到底尼古丁对人体有多大的危害呢？看了下面的数字，你就会了解一些：

- 1支香烟中的尼古丁可以毒死1只小白鼠。
- 25支烟中的尼古丁可以毒死一头牛。
- 40毫克～60毫克纯尼古丁可以毒死一个人。
- 尼古丁可以引起胃痛及其他胃病。
- 尼古丁可以让人血压升高、心跳加快，甚至出现心律不齐并诱发心脏病。
- 尼古丁会损害支气管黏膜，引发气管炎。
- 尼古丁毒害脑细胞，会使吸烟者出现中枢神经系统症状。
- 尼古丁可以促进癌的形成。

有人向我要钱

遭遇校园暴力，怎么办

最近几个月，经常会遇到几个高年级的差生跟我要零花钱。我本来不想给，可是为了息事宁人，便将每月的零花钱都给了她们。可是，她们却不知足，甚至还有点儿变本加厉。我也不想给她们钱了，可是她们依然在放学后我回家的必经之路上等着我。在校园里遇到暴力怎么办？对于这样的行为，能够容忍吗？

女孩的心思

① 下次再和我要，怎么办

采珍：今天，在放学的路上，我遇到了几个学校的“大姐”，她们让我给些零花钱，这几个人在学校里可出名了，由于担心她们报复，我便将身上的零花钱都给了她们。虽然只有22元钱，可是对方依然很开心。看着她们远去的背影，我有些担心，有了第一次，还会有第二次，下次她们再和我要钱的时候，我该怎么办？

② 不能告诉家长，怎么办

沛春：上个星期五，几个高年级的女生截住了回家的我。这可是她们第三次跟我要钱了，我不想给，可是怎奈我势单力薄，怎么斗得过她们？我想告诉父母，可是又怕他们担心。我该怎么办啊？

③ 别人能向我要钱，我为什么就不能跟别人要

知安：今天，我被老师叫到了办公室，因为就在前一天放学的时候，我向低年级的一个学生索要了8元钱。想不到，这名学生居然告诉了老师！别人能向我要钱，为什么我就不能跟别人要？真是太欺负人了。

科学解析

很多女孩在学校都遭遇过校园暴力，其中，最常见的就是勒索钱物。

现在的中学生不愁吃不愁穿，缺钱花，缺乏兄弟姐妹的亲情。这些人之所以要向其他学生勒索钱物，一是为了炫耀自己的厉害和本事；二是用于自己花销和结交其他同学。索要来的钱，少则几十元多则几百元。

其实，很多校园暴力起源于早恋。青春期早恋的女孩，一般都是些不安心学习的孩子，很容易发生一些“争风吃醋”的事情，因此引发校园暴力。而且，这个年龄阶段的女孩，一般都不懂法不学法，讲哥们儿姐们儿义气，容易冲动，这也是引发校园暴力的关键因素。

专家支招

资料显示，现在女生校园暴力案件呈上升趋势。长久以来，一直被人们认为柔弱的女生，有的竟然成为校园暴力事件的“大姐大”。一旦遇到事情，这些女生便号召一群人，为她“出头”，而且以男生居多。那么，青春期女孩，该如何预防校园暴力呢？

① 学会自我保护

为了有效预防校园暴力，青春期女孩一定要学会自我保护。一旦遭遇校园暴力，也不要太软弱，不能从心理上害怕那些所谓的“坏孩子”。最重要的是要学会沟通，必须把这些事情及时告诉家长和老师。由学校负责，让老师出面解决。这样就可以减少对自己的伤害。

② 接受法制教育

在成长的过程中，女生要接受社会道德、法制思想、青春期生理心理知识等各种教育，很多学校都开设了这样的课程，可是有多少学生愿意学呢？青春期女孩要认真上好这些课，对相关的法制知识多一些了解。为了充实这方面的内容，可以找些图书来看一看。

③ 建立良好的家庭关系

青春期女孩由于逆反心理增强，独立的个体意识逐步确立，和父母之间易逐渐形成心理“代沟”，导致家庭成员间感情冷漠或关系紧张。因此，应加强与父母的思想语言沟通，以使父母及时发现自己的不良思想及行为，并加以纠正。同时，还要形成健康向上的心理，学会正确调节愤怒、厌世、报复等消极情绪。

小贴士

如何有效防范路上坏人

女孩在上学放学的时候最好结伴而行。如果在路上遇到有人索要钱物，也不要慌张，如果离学校不远，可以跑回学校告诉老师；如果离家不远，可以向居委会、家委会报告，或向路上的行人求助；如果一时无法向他人求助，应设法及早脱离。事情过去之后，不管人身是否受到伤害，也不管被抢的钱物数量多少，都应当及时向家长、学校和当地公安局派出所报案，从而有力地打击犯罪。

网友约我见面了

如 何 正 确 面 对 网 友

青春期来了，很多女孩都有了自己的网友。很多女生都和网友聊得甚欢，有些人甚至还想和网友见面，我也想这样。可是，网络世界非常虚幻，我们万一上当了怎么办？青春期女孩如何正确和网友交往呢？如何正确面对网友呢？

女孩的心思

① 要见网友了，好兴奋

迎荷：我有一个网友，已经聊了有半年的时间了。上个星期，我们约好了这个星期三下午5点在市中心广场见面。好兴奋啊！虽然我已经看过对方的照片了，可是一想到立刻就能见到他，心里还是波涛澎湃。随着时间的一天天临近，我更是魂不守舍。怎么会这样呢？

② 真是太失望了！

灵荷：今天，我和网友见面了，真是太失望了！怎么会是一个中年人，看上去和我爸的年龄差不多。虽然，在网上对方已告诉过我他已不年轻，可无论如何我也没有想到，我们的年龄相差这样大！怎么办，以后还继续聊吗？

③ 恼人的网友，居然放我鸽子

南芹：这天，我和网友约好了在市公园门口见面。可是，我等了好长时间，对方也没有来。我给他打电话，对方居然关机！奶奶的！骗我！回到家之后，我便将这个网友删除了。

科学解析

网友是一种特殊的朋友，他们与一般意义上的朋友的不同在于：网友是通过网络媒介相识并相知的，现实中见面较少或根本不会见面。比如，通过校友录、QQ、微信、微博、博客好友等结交的好友。

每一个人都会有些不痛快的事，处于青春期的女孩，很多都会去网上和自己的朋友倾诉自己的痛苦，有的女孩还会把在网上的朋友看得比现实中的朋友更为亲近，因为那些人能听自己的心事。

在网上，每一个人都可以做一个天使，可以温柔地安慰人们的心灵；也可以做一名魔鬼，专做害人的事，给人们带去痛苦。因为彼此都很陌生，所以可以完全根据自己的理想办事，可以把人心的真善美体现出来，可以随心所欲地说出自己的心事，可以对网友说出自己的不愉快，甚至发泄一下坏心情……这就是网络的魅力。

专家支招

有些网友以互联网为依托，实行现实世界中不敢从事的恶劣活动，并以恶搞为荣。青春期女孩接受新事物的速度极快，好奇心极强，善于模仿，喜欢尝试。在网络信息时代，青春期女孩应如何与网络交朋友呢？

① 接受网络安全教育

青春期女孩要加强自我保护教育和法制教育：不浏览色情网站，不散布非法信息，不轻信网上虚拟世界中的人和事，隐藏、保护或加密网上个人信息。要在网络技巧的切磋中认识到社会的复杂，避免意外的发生；遇到棘手的问题时要开诚布公地和父母说，向父母求助……对于这些知识，女孩一定要了解清楚，一旦遇到类似的情况，就要用相应的办法来应对。

② 劳逸结合，做好调控

青春期女孩的自控能力较差，加上学习压力大，很容易一玩就忘了形。电脑游戏设计精美、情节性强，有的游戏甚至可以算得上是一种视听享受。有时，连大人都无法抵挡它的诱惑，更何况是还没有完全成熟的女孩。女孩一旦沉迷于其中而不能自拔，后果不堪设想。

这些图画真好看

迷上“黄色”信息，怎么办

青春来了，我却喜欢上了“黄书”。每次走过书摊的时候，都会忍不住瞄一眼上面的一些杂志。我还用零花钱偷偷买了几本。每本都爱不释手，有时候，甚至还幻想着，如果封面的人物是自己就好了。由于不敢在学校看，只好躲在书房里偷偷地看。可是，最近发现，我过于沉迷于这些书了，怎么办？

女孩的心思

① 在网上，我就喜欢这些东西

凡晴：每次上网的时候，我都会浏览一些色情网站。为什么啊？我知道这样做不对，可是，每次上网都会不自觉地将这些网页打开。虽然，有些内容我也看得脸红心跳，可是，在好奇心的驱使下，我还是对这些内容如饥似渴。怎么办？

② 门口报摊上卖书报的人老是冲我笑

沛绿：自从我发现门口的报摊上出售成人期刊的时候，我就隔三差五地用零花钱买几本回去偷看。这样时间长了卖书报的人居然对我熟悉了。每次经过门口报摊的时候，那个人就会冲我笑笑：“小姑娘！又有新书了。”我明白他在说什么。于是，每次都会走过去用手里的钱换几本书来看。

③ 恼人的图画，让人误解了我

平柔：今天，爸爸下班回家早了点儿，正好碰上我在看“黄书”。爸爸狠狠地教训了我，说我如何的不争气，如何不让人省心。我就搞不明白了，看看这些书，就说明我是个坏孩子了吗？真是太冤了。班上很多女生都在看，就连学习成绩好的也会和我们讨论一些小秘密……我真是比窦娥还冤啊！

科学解析

青春期女孩毕竟年纪还小，对和“性”有关的内容，往往怀有强烈的好奇心，加上自控能力差，很容易深陷其中不能自拔。

青春期是处于生长发育的重要阶段，不论是性生理还是性心理发育都尚未健全。这是一个非常特殊的时期，这时候的女孩有着强烈的好奇心，接受新鲜事物的能力也比较强，但抑制力又异常薄弱、责任感较差，大多数的女孩发生性行为都是因为受到了黄色书籍、网站的诱惑。

资料显示，约40%的女孩接触过黄色网站，而且有些女孩沉迷于黄色网站，严重影响身心健康，造成精神空虚、荒废学业，甚至诱发违法犯罪行为。

专家支招

美国社会学家将色情产品喻为“高级海洛因”， 因为人们容易对色情产品上瘾，而结果则是有百害无一利的。那么，青春期女孩该如何应对这些“黄色”的诱惑呢？

① 努力学习知识

青春期女孩面临着中考、高考的压力，唯有学习，才能让自己获得好的前途。青春期的主要任务就是学习。今天，尽管社会需要复合型人才，但科学知识仍是大多数学生将来求职立业的基础，女孩要努力学习文化知识，让自己生活得充实。

② 丰富自己的业余生活

要培养广泛的兴趣，多参加一些社会实践，用其他爱好和休闲娱乐方式转移注意力，冲淡“黄毒”的影响，比如，听听音乐，养些花草，打打网球，画张图画……除此之外，青春期女孩还要特别注意体育锻炼，这不仅有利于身体健康，也有益于心理健康。

③ 与亲友、老师、同学建立良好的人际关系

在现实生活中，青春期女孩要努力获得大家的理解与支持，和他人和谐相处。不追

求完美，给自己和他人留些空间，多用欣赏的眼光看世界，学会去爱，从而使自己拥有博大的胸怀，获得别人的尊重与信任。当我们和他人建立了良好的人际关系时，自然就会将自己的心思从“黄毒”上移开。

④ 培养自己的意志品质

戒掉“黄毒”瘾是一个艰苦的过程，没有良好的意志品质，是很难戒除的。青春期女孩要增强自我约束能力，加强对不良情绪的调节，保持健康的情绪，在陷入“黄毒”的时候，也就能顺利挣脱开了。

小贴士

远离口袋色情书

“口袋书”体积较小、便于携带、内容新颖、贴近性强、更新速度较快，比较受欢迎。但是随着时间的推移，“口袋书”的内容有些变味了。一些盗版的、不健康的内容像苍蝇一样钻进了“口袋书”中。盗版淫秽的“口袋书”是文化市场的一个毒瘤，必须坚决予以割除，否则将会严重腐蚀女孩的身心健康。

不小心接触到了毒品

怎样抵制毒品的诱惑

青春期来了，我们需要释放的能量太多了。有时候，我们也会去舞厅乐一乐。可是，没想到在这里却接触到了毒品。看着摇头晃脑跳舞的青年，我也曾经产生过尝试的念头。可是，理智告诉我不能接触毒品。那么，如何来抵制毒品的诱惑呢？

女孩的心思

① 天哪，竟然有人向我推销摇头丸

小柳：这个星期天，表姐带我到舞厅里玩。玩着玩着，竟然有一个年轻人向我走了过来，问我是否需要……我当时不明就里。表姐立刻猜到了是什么，说："去去去，人家还是中学生呢！"然后，我才知道，刚刚那个人在向我兜售摇头丸！天哪！我直接拉着表姐出了舞厅。

② 我这么会有这样的念头

小柔：这几天，我都在网上浏览一些关于毒品的信息。我也很想体验一下吸食毒品的感觉，可是，每次见到父母，我都会将自己的这种想法打消。我还是个中学生，怎么会有这种想法呢？吸食了毒品，影响学习怎么办？

③ 毒贩居然让我运毒

小安：从小时候开始，我就知道表哥是干大事的人。每次来我家，他都会给买很多好吃的。这天，表哥说让我帮他个忙，帮他送件东西。我满口答应了。可是，当我看到街头的人缩头缩脑的表情时，突然想到是不是毒品？我问表哥，表哥没有隐瞒。天哪，我居然为毒贩运毒！

科学解析

所谓毒品，一般是指使人形成瘾癖的药物，主要指吸毒者滥用的鸦片、海洛因、冰毒等，还包括具有依赖性的天然植物、烟、酒和溶剂等。

毒品作用于人体，会使人体体能产生适应性改变，形成在药物作用下的新的平衡状态。一旦停掉药物，吸食者的生理功能就会发生紊乱，出现一系列严重反应，使人感到非常痛苦。因此，用药者就定时用药，并且不断加大剂量，以致终日离不开毒品。

毒品进入人体后作用于人的神经系统，吸毒者就会出现一种渴求用药的强烈欲望，驱使吸毒者不顾一切地寻求和使用毒品。一旦出现精神依赖后，即使经过脱毒治疗，在

急性期阶段反应基本控制后，要完全康复原有的生理机能往往需要数月甚至数年的时间，更严重的是，对毒品的依赖性难以消除。

处于青春期阶段的女孩什么都敢尝试，可是毒品是万万不能尝试的。一旦尝试，就会成瘾！

专家支招

毒品对青春期女孩会造成严重的危害，那么，青春期女孩该如何来有效应对毒品呢？

① 多学习一些关于毒品的知识

青春期女孩要接受毒品基本知识和禁毒法律法规教育，了解毒品的危害，懂得“吸毒一口，掉入虎口”的道理。

② 树立正确的人生观

青春期女孩要树立正确的人生观，不要盲目追求享受，寻求刺激，更不能赶时髦。当你一身正气的时候，毒品也不会沾染上你。

③ 不轻信他人的花言巧语

有些人之所以会染上毒瘾，开始的时候是受到了他人毒品能治病的谣言。有些毒贩会说，毒品能解脱烦恼和痛苦，毒品能给人带来快乐……这些都是花言巧语，一定要学会识破谎言，不能轻信。

④ 不结交涉“毒”人员

青春期女孩要正确交友，不要结交有吸毒、贩毒行为的人。如果发现亲朋好友中有吸毒、贩毒行为的人，一要劝阻，二要远离，三要报告公安机关。如果他们引诱你吸毒，更要加强自己的抵抗力，坚决拒绝。

⑤ 不进舞厅

青春期女孩不要进歌舞厅，决不吸食摇头丸、K粉等兴奋剂。舞厅和各种娱乐场所，人员混杂，往往是毒品泛滥之地，对于这些地方一定要躲开，即使有人非要拉你去，也要坚决离开。如果有人引诱你吸食摇头丸、K粉等兴奋剂，一定要加强定力，毫不客气地拒绝。

⑥ 没有第二次

即使自己在不知情的情况下，被引诱、欺骗吸毒一次，也要珍惜自己的生命，不再吸第二次，更不要吸第三次。要及时告诉父母，让他们帮自己想办法。

小贴士

海洛因危害人体的机理

在人体的大脑和机体内存在着内源性阿片肽和阿片受体。在正常情况下，内源性阿片肽作用于阿片受体，调节着人的情绪和行为。人在吸食海洛因后，就会抑制内源性阿片肽的生成，逐渐形成在海洛因作用下的平衡状态，一旦停用就会出现不安、焦虑、忽冷忽热、流泪、流涕、出汗、恶心、呕吐、腹痛、腹泻等症状。这种阶段反应的痛苦，又会促使吸毒者千方百计地维持吸毒状态。毒品通常具有成瘾性，随着时间的推移，身体对于药物的剂量需求也会不断提高。

第十章

父母

他们管得可真宽

到了青春期，父母管理女孩会更加严格，为了对女儿多一些了解，有些父母会偷听女儿打电话，有些父母会偷看女儿的日记，有些父母会整天唠叨个没完没了……该如何认识父母的这些行为呢？

- 说真话，用事实说话。
- 开诚布公地和妈妈谈谈，也找找自身的原因。
- 和父母多交流，给日记本上把锁。
- 父母责，需敬听，将父母当朋友。
- 要对自己有个正确的认识，学着用成人的方式进行沟通。

我们只是同学关系

父母怀疑我早恋，怎么办

青春期，父母都担心我们会早恋，就连我的妈妈也怀疑我早恋，搞得我都不敢和男同学一起讨论问题了。放学的路上，我不敢和男生一起走；即使周末在路上遇到了，也不敢说话。我觉得这很不正常，可是，怎么办？如何向父母解释清楚呢？

女孩的心思

① 妈妈误解了我，我和同学如何相处

小瑶：今天在路上，我不小心扭了脚，班长便扶我走了一小段路。没想到，这一幕正好被我妈看到了。她狠狠地瞪了班长一眼，然后，让我坐到了她的自行车后座上。一路上，妈妈都在说我，说我居然早恋！天哪，真是太冤枉了，让我以后怎么跟同学相处啊？

② 我为什么不能去给同学过生日

小波：今天是星期天，我打算早点儿出门去买个礼物，然后直奔同学家。今天是同学的生日，很多同学都要去给他庆祝。妈妈知道了之后，不让我去。我说："很多同学都去，又不止我一个。"最后，妈妈答应让我去了，可是前提是她也要跟着去看看！亏她想得出来！我的好心情一下就没了。

③ 送张贺卡就是早恋吗

小蓝：元旦快到了，班上的同学都互送贺卡，我也收到了一些男同学的贺卡。可是，当我美滋滋地将这些贺卡展示给妈妈看的时候，她却说这些男孩子和我有些暧昧！什么狗屁逻辑！我很生气，为了证明自己的清白，我狠狠地将这些贺卡都丢进了垃圾桶！

科学解析

进入青春期，随着身心发育的逐渐成熟、知识面的增加和内心世界的丰富，女孩的独立意识、自我意识慢慢增强，形成了自己看待问题的视角。她们希望在同龄人中找到共鸣，在客观上与父母就变得不那么亲近了。同时，“长大了”的意识使她们把与自我有关的一些事情归结为“秘密”，并试图摆脱家长的约束和管教：有些女孩给日记本加了密码，有些女孩给抽屉上了锁，有些女孩即使在写作业时也会紧闭房门。

其实，家长不仅对女孩之间的交往担心，在很多问题上，都缺乏对女孩的信任，不相信女孩说的话，不相信女孩有照顾自己和独立处理学习、生活和人际关系的能力。

为了证明自己的经验判断没有错，有些家长千方百计地“搜集证据”。殊不知，这些行为严重刺伤了女孩的自尊心，以至于女孩不相信父母。很多时候，女孩把自己的秘密告诉父母，是基于对他们的信任，希望得到他们的理解和帮助。

专家支招

想放手去做自己想做的事情，父母却对你的能力不信任；给自己定了一个目标，他们还是一样不信任你能够坚持……出现这种问题，或许可以称为“家庭信任危机”。

要知道，信任是建立在双方的基础之上的，双方的经验和相互的了解同样重要。想赢得父母的信任吗？这里的几个方法或许可以帮助你：

① 主动和父母沟通

如果你有什么事情想和你的父母探讨，一定要说出来，告诉你的父母。要尽自己的努力和父母成为朋友，尊重他们，对他们敞开心扉。为了增进亲子间的交流，可以让父母把他们的一些想法告诉你。

② 尊重对方

尊重是一种双向的行为。你需要得到父母的尊重，同样，父母也需要得到你的尊重。所以，不管出于什么原因、什么观点，都应该首先保持对父母的尊重。事实证明，只有尊重父母的女孩才能得到父母的理解和尊重；那些不尊重父母的女孩，会让父母失去信心。

③ 和父母说真话

和父母说话的时候，有些女孩喜欢说谎。其实，如果你说谎，只会使问题扩大化，实质的问题永远得不到解决。一旦发现自己的女儿说谎，很多父母都会不再信任她。失去了父母的信任，怎么在家里生活？如果你做错了事情，总是习惯用说谎来弥补，不仅无助于事情的解决，而且对父母、对自己都不是好事。

④ 用事实说话

如果你觉得某件事情是对的，就要坚持去做！父母可能还是不太信任你的能力，没关系，只要把你的想法告诉父母就可以了。要向他们说明，你要如何做，为什么这么做，然后通过自己的努力证明给父母看，以此来赢得父母的信任。

小贴士

沟通的基础是“倾听”

对处于青春期、内心动荡不安的女孩来说，父母不带价值判断的倾听，是让她们建立信任及沟通意愿的重要基础。因为不带评价倾听的做法，不仅表示了父母对女孩的尊重，也能够营造出和谐的谈话氛围，能够加强女孩对他们的信任，让女孩愿意敞开心扉。

又偷听我的电话

父母偷听我电话，怎么处理

自从升入初中之后，妈妈对我加强了监督，就连同学的电话，也会不放心地监控起来。我表示了反抗，虽然他们答应以后不再监督我了，可是，依然会在我接电话的时候偷听。一向光明磊落的父母怎么会变成这样？他们为什么这样不相信我？如果遇到家长偷听我们打电话，该如何做呢？

女孩的心思

① 有什么可偷听的，他们就这样不信任我吗

小蕊：今天早上，一个同学给我打来了电话，询问作业的事情。我一一告诉了他，可是当我放下电话的时候，却发现妈妈正在一边偷听。有什么可偷听的，他们就这样不信任我吗？我们只是说些作业的事情，也不干别的啊！

② 妈妈在另一个房间听我们通话

小含：中午吃饭的时候，我接到了一个同学的电话，他想约我出去爬山。我答应了。可是这时候妈妈却说："不能去！"我问："为什么？"她说："和同学出去爬山很危险！"天哪！我们的通话居然被她偷听到了，怪不得我刚才觉得声音低，原来妈妈在另一个房间听我们通话呢。

③ 与同学的关系一点儿都不好，怎么办

小灵：由于同学都知道我妈喜欢在家里偷听我的电话，因此周末我几乎不会接到任何同学的电话。正是因为这个原因，我失去了很多和同学一起游玩的机会。现在，我感觉自己与同学的关系一点儿都不好，怎么办？

科学解析

父母偷听你的电话是父母不对，不管做父母的如何担心自己的子女，也不应该采取这样既不合法也不道德的偷听方式。

可是，做父母的，没有一个人是不爱自己的孩子的，他们之所以要偷听你的电话，无非是担心你早恋；担心你结交上不良青少年；担心你作出什么出格的事情……即使到

了青春期，女孩觉得自己已经长大了，但在父母眼中，你还是孩子。不是父母素质低，而是他们没有更好的办法。 如果你能试着多和父母沟通，可能会好些。

如果一般的事情，就让父母听吧，他们也是出于关心。时间长了，他们就不听了。如果是重要事项，可以跟他们点明了说。改变父母关键在于取得父母的信任。

专家支招

如果发现父母偷听了你的电话，该如何应对呢？

① 开诚布公地和妈妈谈谈

如果你非常讨厌妈妈这样做，可以开诚布公地和妈妈谈谈，让她了解你的想法，告诉她：你已经长大了，并渴望长大，需要自己的个人空间，相信她会理解你的。毕竟，世上没有任何一种爱会超越父母对你的爱！人与人之间，沟通是很重要的。敞开心扉，你会获得更多。

② 找找自身的原因

父母之所以要偷听你的电话，主要是因为他们依然把你当成孩子，总是想着保护你，想着全面了解你，让你顺利长大。他们之所以要这样做，无非是出于家长对孩子的爱，也是缘于对孩子缺乏信心。

为什么父母会对你不信任？是自己平时处事太不成熟？还是经常不自觉？如果你觉得自己已经长大，可以很好地处理自己的问题了，就要告诉父母：“请你相信我，我已经不再是小孩子了。”相信，如果你能够做到及时发现问题、解决问题，就不会再出现偷听的事情了。

③ 争取爸爸的支持

青春期，是从幼稚到成熟的过渡期，对于青春期的女孩来说，在这一阶段你的自我意识已经产生，对于交友会有自己的判断。可是，作为父母，会一直把女孩当成小孩子，从而想方设法保护你。

青春期女孩，要和妈妈心平气和地提意见，如果发现妈妈的情绪不稳定，最好哄哄她，要知道妈妈的心都是柔软的。与此同时，还可以尝试和爸爸达成默契，在关键时刻，请爸爸帮忙充当母女之间的缓冲剂，至少不能让母亲和女儿之间打“持久战”。

小贴士

试着换位思考

被母亲“偷听”电话时，女孩会产生一种不被尊重的感觉。但是公然抵触的话，只会换得一句“有何听不得”的反驳。那么，为什么不能平心静气地坐下来与妈妈好好谈一谈？家长曾经也都是孩子，他们也经历过我们所经历的一切喜怒哀乐，并非完全不通人情。况且，每个家长都是为孩子着想的，即使方法欠佳，也应对家长含有一份包容之情。

我的抽屉被拉开了

妈妈偷看我日记，怎么办

青春期来了，我们的秘密也多了，日记就成了我的倾诉对象。为了对我多一些了解，妈妈在我上学的时候偷看了我的日记，真讨厌！我们的心中难道就不能有小秘密吗？他们就这么喜欢偷看儿女的日记吗？怎么能随便拉我的抽屉？我们该如何对待妈妈的这种行为呢？

女孩的心思

① 我不相信妈妈了

雁岚：今天，回到家里，我发现自己的抽屉被人动过。我打开自己的日记本，果然，日记被人看过了。因为，我在日记的第一页上做着记号，别人只要一翻动，就能看出来。我质问妈妈是不是动了我的日记本，妈妈承认了，可是，我却对她不再信任了！

② 锁锁锁，看你们还偷看

冰芙：当我发现自己的日记被妈妈偷偷看过了之后，便给自己的抽屉加了一把锁。果然，妈妈再也没有偷看过我的日记。虽然，她也想将锁打开，可是，偷偷开我的锁毕竟不是一件光彩的事情。我为自己的胜利感到高兴！

③ 我的两个日记本

含彤：为了应付家长，我给自己准备了两个日记本。一个本上主要记一些日常琐事，平时都放到书桌上，供妈妈查看。另一个本主要记录自己的心情和烦恼，平时都放在我的一个秘密保险柜里，除了我，任何人都不能看。事实证明，我的这个办法是正确的。

科学解析

随着年龄的增长，不少同学养成了写日记的习惯，这一方面能够提高写作水平，另一方面也能及时把自己遇到的各种事情、心情和感受记载下来，更重要的是，可以将不愿对别人讲的秘密、悄悄话写进日记里。而父母出于对子女的关心，可能会偷看他们的日记，了解他们的近况和变化。

父母往往是出于关心自己的孩子，或者是想更多地了解自己的孩子，才会偷看孩子日记。他们关注你的成长，需要了解你每天想些什么，想要搞清你每天干些什么。如果出现了这种情况，女孩完全可以找个机会跟爸爸妈妈说说自己的想法，请他们以后不再偷看你的日记。

专家支招

当你发现日记被父母偷看之后，可以采取以下办法处理：

① 附上小纸条

为了避免父母偷看，可以把日记本收藏好，并在上面附上一张小条：“请爸爸妈妈尊重我的隐私，不要偷看。”家长见到这些留言后，一般就不会再出现偷看现象了。虽然有些父母可能不理会女儿的这种纸条留言，可是绝大多数的父母都是会尊重女儿的。

② 和父母多交流

回到家里后，女孩要多将学校发生的事和与自己有关的问题同父母交谈。当他们全面地了解你各方面的成长情况时，了解你的心理动态和思想变化时，就会将紧张的心放松下来，也就不会再偷看你的日记了，这是治本的方法。

③ 信任父母

有些女孩发现父母偷看自己的日记，便会与他们大吵大闹；有些女孩则会赌气不再理睬父母……这些都是不理智和任性的表现。青春期女孩要信任父母，对父母的良苦用心要多一些理解。

如果想避免出现父母“偷看”的行为，就要和家长建立起一种互相信任的关系。一旦这种关系成功建立，父母也就不会再偷看我们日记了。

如果发现日记本被父母偷看了时，不要冲动地去质问父母，要在理解父母意图的基础上真诚地与父母交流，让他们了解你对这件事的感受。

小贴士

理解的关键在于多沟通

青春期女孩要经常主动跟父母讲一讲最近的学习情况，聊一聊学校里发生的新鲜事情，谈一谈自己的看法，倾诉一下内心的苦乐。要知道，父母是喜欢问你问题的，喜欢听你诉说的。有了朋友式的沟通，相信父母就不会偷看你的日记了，因为这确实是一件不光彩的事情。所以，解决这个问题的关键在于沟通。

就是不想和你们说

和父母之间有“代沟”，怎么办

升入中学之后，心中的小秘密也多了。可能是由于独立了，所以再也不像小时候那样，什么话都跟父母说了。我和父母之间找不到共同话题，经常会因为“代沟”的存在而产生误解。最后，我索性遇到任何事情都不跟父母说了。可是，他们却总是问这问那，搞得我烦透了。和父母没有共同语言，该如何做呢？

女孩的心思

① 和他们说些什么呢

小之：这次期末考试考得不理想，我的心情很不好，为了宽慰我，父母让我多和他们沟通。可是和他们说些什么呢？我们之间已经很长时间没有共同语言了。

② 父母怎么都变成这样了

小友：今天，妈妈生气了，理由是我不怎么和她说话。我知道，她很想了解我在学校的状况，可是哪有那么多的话啊！我倒宁可和要好的同学说说。父母怎么都变成这样了？

③ 一路无言

小安：今天开家长会，我知道自己的成绩不理想，可是回来的路上妈妈却一句话都没说。倒是爸爸，问了我一些问题。我不想说话，更不知道该从何说起。一路上，我们三个人，一路无言。

科学解析

处在青春期的女孩，生理和心理上都会发生变化。她们爱幻想美好的事情，渴望独立，但没有那个实力。青春期的女孩和父母产生“代沟”是很正常的，而且大多数“代沟”的产生都是由生理、心理、角色差异这三方面的原因造成的。

女孩一进入青春期，体力和智力都会得到迅速发展，她们好动、爱冲动、敢创新、追求个性和自我，但缺乏足够的耐心和毅力。而作为成年人的父母，身心都已经成熟，人生观、价值观、社会观等都已经固定。

青春期女孩在心理发展上自我意识逐渐增强，热爱自由、独立，但又易怒、易冲动，还很容易受他人影响。而心理早已成熟的父母，已经习惯了用自己的思维方式和生活方式去要求女孩。

青春期女孩渴望父母把他当成平等的大人对待；而父母则习惯为女儿安排好一切，希望女儿在自己的安排和保护下能踏上更成功的道路，两者自然会产生分歧。

正是由于上述三方面的不同，导致了青春期女孩和父母之间产生了“代沟”和矛盾，进而引发了一连串的教育问题。

专家支招

青春期女孩，如何才能走进父母的内心，消除“代沟”呢？

① 主动寻找共同语言，成为父母的好朋友

很多青春期女孩经常说自己和父母有“代沟”，其实她们想表达的是——父母落后了。例如，女孩认为很潮、很时尚的装扮，父母却说是“奇装异服”和“不伦不类”；女孩烫发、染发，父母就说她们“变坏了”；她们狂热追星，父母认为是不务正业……其实，父母对这些现象有自己的理解，他们不会无中生有地给你大讲特讲。

作为女儿，如果可以用心去观察父母的世界，去寻找和母亲的共同语言，你们就会成为很好的朋友，而且多接触一些长辈喜欢的东西，女孩自己也会受到很多的启发，这样和父母之间的“代沟”自然就会消除了。

② 多提供与父母互相了解的机会，学会和他平等对话。

父母和青春期女孩“代沟”的产生，很重要的原因是女孩没有给父母和自己提供更

多互相了解的机会。绝大多数青春期女孩都不会主动去找父母谈心，她们觉得面对面地和父母交谈有点儿不自在，担忧父母根本不给她们说话的机会。其实，不是这样的。女孩不仅要主动给父母多提供一些彼此沟通的机会，还要学会和父母进行平等对话，学会站在朋友的立场上和父母交流谈心。当然也可以借助一些“平行交流”的方式进行谈话，例如，一起看电影、运动、做家务、逛街、上网……

小贴士

学会和父母沟通

·接纳：经过认真的分析和思考，弄清父母的意见和态度后，接纳对方正确、合理的部分。

·融合：双方可以取长补短，融合成更完美的方案。

·折中：对于两代人不同的思想和意见，可以来一个折中方案，双方各做一些让步。

·并存：如果自己的行为不损害对方的利益，双方意见不同也没涉及原则性问题，可以各持己见，互不干涉。

·搁置：对于原则性问题，即使双方看法不一，也不要针尖对麦芒，可以暂时将问题搁置到一边，静观发展，等日后有机会再解决。

又开始了，整天唠叨个没完

正确面对妈妈的唠叨

从小到大，妈妈就喜欢唠叨，即使是一个小问题，也会反复唠叨好几遍。小时候，我还不觉得，现在随着年龄的增长，我开始有些厌烦了。她就不嫌累吗？我又不是听不懂，说一遍不就行了。烦啊！该如何面对妈妈的唠叨呢？

女孩的心思

◇① 他们怎么有这么多操不完的心啊

小秋：天气越来越凉了，每天早上，妈妈都要叮嘱我多穿衣服。看着妈妈唠叨不停的样子，我就不明白了，天下的父母都是这样吗？他们怎么有这么多操不完的心啊

◇② 我都15岁了，难道还不会坐公交

小玉：由于我是乘坐公交车上学，每天早上妈妈都要对我唠叨一番乘坐公交车的注意事项。我感到很麻烦！我都15岁了，难道还不会坐公交！

◇③ 我的耳朵都起茧子了

小灵：最近几天，我总是不想吃东西，妈妈也变成了“唠叨婆”。不是叮嘱我按时吃药，就是嘱咐我体育课上不要做太剧烈的运动……听着妈妈一句一句的叮嘱，我的耳朵都起茧子了。

科学解析

青春期女孩的妈妈可能处于更年期。处在这两个阶段的人的心理都会相对敏感，思维也会倾向极端化。尤其是如果妈妈教育方式过于单一，有使用语言暴力的习惯的话，母女在相处过程中更容易“针尖对麦芒”，发生冲突。

处在青春期的女孩，应该采用温和的方式对待妈妈的唠叨，而不要使用言语暴力激化局面。

专家支招

那么，该如何来应对妈妈的唠叨呢？

◇① 和父母多谈谈

青春期女孩要多和父母聊聊天，让他们了解你的内心。当父母知道你的想法的时候，自然就不会唠叨个没完没了了。

② **父母责，需敬听**

对于父母的唠叨，正确的，我们就记在心里，不对的，我们就分析一下哪里不对。女孩千万不要和父母对着干，更不能表现出逆反的情绪，要理解父母也是为了你好。如果女孩能够体谅到父母的这份心，就不会那么反感了。

③ **学会换位思考**

面对家长的唠叨，作为青春期女孩要学会换位思考，要理解父母的心情，耐心倾听。事实证明，当女孩懂得换位思考时，父母也能对我们多一些了解，也就不会再偷看我们的日记本、干涉我们与同学交往、没完没了地唠叨了。

④ **尊重父母**

青春期的女孩，一般都很叛逆，但也要尊重父母，因为父母都是为你好的。其实，家长唠叨的出发点也是为你好，只是他们的方式我们不认同，且不愿接受而已。要想得到父母的理解，就要尊重父母，千万不要当着他人的面诋毁妈妈。

⑤ **将父母当朋友**

把父母当朋友看待。当朋友和你说话时，你还烦吗？事实证明，如果你能够将父母当成朋友，父母也会将你看成是朋友的。

小贴士

更年期早知道

更年期是女性从性成熟期（生育期）逐渐进入老年期的过渡阶段，是人体衰老进程中的一个重要而且生理变化特别明显的阶段。这一时期，90%以上的女性都会出现不同程度的症状，严重时还会影响个人的健康和生活质量。

资料显示，40～55岁的妇女，在更年期的时候会伴有失眠、多梦、盗汗、潮热、烦躁易怒、精力体力下降、记忆力减退、骨质疏松等问题，会变得非常爱唠叨。青春期女孩对于这一点一定要认识清楚，对妈妈多一些理解。

我今天和妈妈吵架了

和父母“摩擦”起“火”了，怎么办

青春期来了，我的脾气也见长，时不时地就会和爸爸妈妈发生冲突，今天甚至还和爸爸吵了一架。妈妈很生气，我该怎么办？我又不是成心的。这段时间，我的脾气怎么这样大？如果和父母吵架了，该如何做呢？

女孩的心思

① 怎么会这样啊

小梦：今天早上，妈妈让我多吃点儿早饭，由于要急着赶去学校，我便说：“吃吃吃，就知道吃！”妈妈看我这样不理解她，大声嚷嚷起来。怎么会这样啊？

② 丢人的一天

小露：星期天，我和妈妈去商场买衣服。我相中了一款运动服，可是妈妈却嫌贵，不给买。争来争去，最后，我们竟然当着众人的面吵了起来。不巧的是，还被我们班主任撞了个正着！真丢人啊！

③ 我就是不想安慰她

小桃：这天，我和妈妈吵了架。爸爸让我给妈妈道歉，可是我却不乐意。因为，事情的起因根本就不在我。任爸爸怎么说，我就是不去，我将自己关进了自己的房间。

科学解析

儿童时期，女孩是把父母当作偶像崇拜的。进入青春期后，女孩有了自己独立的思维和见解。由于孩子和父母在很多观点上有冲突，就会出现叛逆的情绪，继而无法有效沟通。青春期女孩，要注意控制自己脾气，尽量别让父母伤心。

进入青春期后，女孩开始有了强烈的自我意识，内心也有了要为自己做主的愿望，这是女孩走向成熟的序曲，也是完成人格独立的必要过程。

可是，有些父母的认识却跟不上孩子的成长。十多年了你都是个听话的小孩，上了中学后忽然有了自己的想法和意愿，父母一下也适应不了，于是他们便千方百计把女孩变回原来那个听话的小孩。而且，女孩越是反抗，他们就越担心孩子变坏，就会管得越紧，而亲子关系也会越紧张。

专家支招

青春期女孩该如何减少和父母的摩擦呢？

① 要对自己有个正确的认识

在青春期，虽然女孩已经开始进入成熟状态，可是，毕竟看问题还比较简单、想事情还比较片面，缺乏人生经验，对事情后果缺少预知能力……这种局限性会给女孩的人生之路带来危险。青春期女孩对自己要多一些认识，在做决定前，要参考一下父母的意见，从而少摔跟头、少走弯路。

② 学着用大人的方式进行沟通

既然你已经长大了，就要学着用大人的方式与父母沟通，不要再像小孩子那样意气用事了。因为你越是意气用事，父母就越把你当小孩看，对你就更不放心，就更不允许你有自己的看法了。

有些父母总认为，女孩懂得他们反对的原因。其实，女孩与父母对抗正是因为她们不知道父母为什么要反对自己。青春期女孩可以换种方式与父母交流，学着用更成熟、更理性的方式进行沟通。当女孩能够做到这一点时，就能有效减少和父母的摩擦和冲突了。

③ 多理解父母

生活中，有些父母会莫名其妙地发火。这可能是因为他们在工作中或生活中有了压力，并不是因为你不够好。成年人要承担许多责任，时常会因为压力而心烦，如果你并没做错什么，就不要对父母发脾气了。

要对父母多一些理解，你可以关心地提醒他们一下：“妈妈是把我当成出气筒了吧？”一般来说，女孩的提醒会帮助父母变得理性起来。

小贴士

控制情绪，不激化

当和父母出现分歧时，要尽量控制好自己的情绪，不要激化矛盾。由于时代不断在变迁，若干年后，当你为人母的时候，那个时代的孩子的思想和所为，可能也不是今天的所谓“前卫”的你能完全跟上和接受的。有时候，我们的父母处理事情的方式的确不太正确，但我们一定要理解他们的出发点是好的！世上，只有父母对儿女的关心和帮助是不求任何回报的！

我就是喜欢和×××来往

如何与学习差的同学来往

女孩的一生中，不可避免地会遇到一两个值得交往的同学，可能有的人学习好，有的人学习不好。我的好友就是成绩不好的一个人。父母很反对我和差生交往，说是怕影响我的学习，可是同学间的友谊和成绩的好坏是没有关系的。我该如何和成绩差的同学来往？

女孩的心思

① 差生就不能结交吗

小柏：今天，妈妈无意中发现我和班里的一个差生关系不错，于是便督促我和这个同学断绝交往。这可是正常的同学交往，为什么要断绝？而且，我俩兴趣相投，难道只有学习好的孩子才能结交吗?

② 我让好友失了面子

小夏：今天，当我和好友一起在外面玩的时候，被爸爸看到了。爸爸当着众人的面说："交友也不会选择，怎么选个差等生？"听了爸爸的话，我明显感到同学生气了。同学没有理我，最后，自己一个人离开了。

③ 我和班里的差生是好朋友

小蓝：不知什么原因，我就是喜欢和班里的差等生交往。在我眼里，他们并不是一无是处，有的幽默，有的仗义，比那些只顾自己学习、自私自利的优等生强多了。

科学解析

女孩的成长是一个复杂的过程，需要的伙伴各种各样，因此家长武断干涉孩子们的交往是不对的。

很多父母都不愿让自己的孩子与"差生"来往，可是与"差生"来往就一定会变"差"吗？事实上，每个孩子的身上都有闪光点，因此，学习、生活在一起的孩子们彼此更了解，感觉更到位。

在很多父母眼里，好学生是不能和"差生"来往的，因为他们担心"差生"会把自己的孩子带"坏"。 可是，"差生"也是人，一个成绩差的学生已经感到很自卑了，如果周围的同学再躲着他，不跟他玩，那他会是怎样的心情？

帮助所谓的"差生"也会让女孩受益良多。试想，一个好学生、好孩子究竟好在哪里呢？学习成绩好就能说明一切吗？好学生难道不是更应该成为一个热心助人、品德高尚的人吗？而帮助同学，正是培养自己这些好品德的最佳方式。

专家支招

如何让父母接受自己的"差生"朋友呢？

① 让父母善待自己的朋友

成为朋友的原因是多方面的，有的是由于共同的兴趣和爱好，有的是性格脾气相近。交朋友的目的也并不一定都是为了提高学习成绩，有的是为了感情表达的需要，有的是为了互相帮助。但既然是朋友，就肯定有感情，有许多共同之处和共同语言，如果家长不能容忍自己孩子的朋友，就等于不能容忍自己的孩子。

青春期女孩可以告诉父母，不能太功利，不要认为你所做的一切都必须是为了提高学习成绩。交友应该是广泛的，交友的目的也应该是多方面的，只要朋友之间在相处的过程中互相有所帮助就行，要让父母善待自己的朋友。

② 告诉父母，尺有所短，寸有所长

学习成绩不好，并不等于一切都差。每一个人都有自己的特长和优势，都有值得别人学习的地方。有些家长只希望女儿同学习成绩比她好的同学交友，还以“近朱者赤，近墨者黑”的理论作依据，拒绝女孩与学习成绩比自己差的同学来往，这是片面和狭隘的。

青春期女孩要告诉家长，与成绩差的同学不但可以交往，而且也应该交往。这样，既有助于学习，也有利于从朋友身上获得帮助。

③ 让父母真诚对待自己的朋友

当成绩差的朋友来家里玩的时候，有些父母表面上很客气，让座、倒茶、请吃水果，可等他一走，就会向女儿提出警告：“以后少跟这样的人来往！”“和学习这样差的人交朋友，对你有什么好处？”……

这种两面派的做法，不但会影响父母在女孩心目中的形象，也会损害孩子与朋友的感情。要让家长学会接受，真诚地对待自己的朋友，接受那些有缺陷和不足的同学的友情。

小贴士

差生可交，但人品一定要“过硬”

学习可以差一些，但人品一定要“过硬”。只要对方的人品方面没有大问题，暂时学习差一些，通过努力，也会慢慢好起来。即使将来不能升入好大学，也能自食其力。至于那些有网瘾、打架斗殴、偷窃等不良行为的孩子，绝对不能交往。

另外，习惯差、缺乏良好家教的孩子也要坚决远离。青春期女孩受到不良影响后会产生可怕的结果，很多吸毒的人就是被所谓的朋友害的，千万不能掉以轻心。

我想穿哪件就穿哪件

面对妈妈的干涉，如何处理

都是中学生了，妈妈对我的干涉依然有增无减。即使穿衣服，有些妈妈也会给女儿提出建议，强迫女儿按照她们的意愿来选择。我们为什么就不能按照自己的想法穿呢？面对妈妈的这些干涉，我们该如何处理呢？

女孩的心思

① 为什么就不能穿自己喜欢的衣服

小诗：今天早上起来，我想穿自己喜欢的一款裙子上学。可是妈妈却说穿运动服好。我没有办法，只好按照妈妈的意见来了。我就不明白了，爸爸妈妈为什么这样干涉我的决定？为什么我就不能穿自己喜欢的衣服？